전례에 초대합니다

Originally published in English under the title:
The Sacred That Surrounds Us by Andrea Zachman
Copyright © 2019 by Andrea Zachman
Korean edition © 2023 by Catholic Publishing House of Korea
with permission of Ascension Publishing Group, LLC, USA. All rights reserved.

전례에 초대합니다

2020년 11월 20일 교회 인가
2023년 11월 10일 초판 1쇄 펴냄
2024년 3월 18일 초판 3쇄 펴냄

지은이 · 안드레아 자크만
옮긴이 · 강대인
감수 · 윤종식
펴낸이 · 정순택
펴낸곳 · 가톨릭출판사
편집 겸 인쇄인 · 김대영
편집 · 김소정, 강서윤, 박다솜
디자인 · 송현철, 강해인, 이경숙, 정호진
마케팅 · 안효진, 황희진

본사 · 서울특별시 중구 중림로 27
등록 · 1958. 1. 16. 제2-314호
전자우편 · edit@catholicbook.kr
전화 · 1544-1886(대표 번호)
지로번호 · 3000997

ISBN 978-89-321-1874-1 03230

값 20,000원

성경 · 전례문 · 교회 문헌 ⓒ 한국천주교중앙협의회, 2023.

이 책의 한국어 출판권은 (재)천주교서울대교구 가톨릭출판사에 있습니다.
저작권법에 의해 한국 내에서 보호를 받는 저작물이므로 무단 전재와 무단 복제를 금합니다.

가톨릭의 모든 도서와 성물을 '가톨릭출판사 인터넷쇼핑몰'에서 만나 보실 수 있습니다.
https://www.catholicbook.kr | (02)6365-1888(구입 문의)

전례에 초대합니다

안드레아 자크만 지음 | 강대인 옮김 | 윤종식 감수

가톨릭출판사

들어가는 말

　전례에 참여하면 눈에 띄는 것들이 있습니다. 성반, 성작과 같은 제구, 신부님이 입고 계신 제의, 감실이나 고해소……. 혹시 이러한 것들이 왜 있는지, 어떻게 사용되는지 알고 있나요? 이러한 점이 궁금하더라도, 그 궁금증을 풀기 어려울 때가 많습니다. 사실 미사나 성사를 거행할 때 예식의 여러 부분을 해설해 주는 책은 많이 있습니다. 하지만 전례에 실제로 쓰이는 것들에 대해 설명해 주는 책은 드뭅니다. 《전례에 초대합니다》는 가톨릭 교회의 거룩한 제구, 제의를 포함하여 전례와 연관된 것들이 지닌 의미와 역사를 알기 쉽게 설명해 주는 책입니다.

전례에서 마주하는 성스러운 것들이 지닌 의미를 이해할 때, 우리는 가톨릭 신앙의 보물을 알아볼 수 있습니다. 이 책을 읽은 후, 성당에 가서 책에서 본 것들을 한번 찾아보십시오. 그리고 그것들의 이름을 떠올리며 그 의미를 되새겨 보십시오. 그러면 여러분이 참여하는 전례에서 더욱더 풍요로운 은총을 받을 것입니다. 그리고 하느님의 뜻을 더 깊이 마음에 새길 수 있을 것입니다.

차례

들어가는 말 · 4

제1장 미사와 연관된 것

성당 입구 · 10 | 회중석 · 14 | 신자석(긴 등받이 좌석)과 장궤틀 · 18

제단 · 22 | 제대와 제대포 · 26 | 주수상 · 30 | 성체포 · 34

빵과 포도주 · 37 | 성반 · 42 | 성작 · 46 | 성작 덮개 · 50

성작 수건 · 53 | 주수병 · 56 | 성합 · 59 | 영성체 성작 · 62

포도주 병 · 66 | 제대 종 · 69 | 봉헌대 · 72 | 독서대 · 76

《로마 미사 경본》 · 80 | 《미사 독서》 · 84 | 《복음집》 · 88

감실 · 92 | 성체등 · 96 | 주례석 · 100 | 세례대(세례 샘) · 104

파스카 초(부활초) · 108 | 행렬 십자가와 초 · 112

물그릇과 물병 · 115 | 향로와 향 그릇 · 118

성수 그릇과 성수채 · 121 | 제의실과 제기실, 세정대 · 125

제2장 전례복

개두포 · 130 | 장백의와 띠 · 133 | 영대 · 136 | 제의 · 139
플루비알레 · 142 | 어깨보 · 145 | 부제의 영대와 달마티카 · 148

제3장 그 외 전례와 연관된 것

스테인드글라스 · 154 | 성미술 작품과 이콘 · 158
성상 · 162 | 기도 초 · 166 | 세 가지 성유 · 169 | 성유장 · 173
고해소 · 176 | 십자고상 · 181 | 십자가의 길 · 185 | 성광 · 189
성체 조배실 · 192

미주 · 195

제1장

미사와 연관된 것

◇◇◇

거룩한 미사에 사용하는 것에는 여러 가지가 있다. 이것들의 이름은 무엇이며 어떻게, 그리고 왜 사용할까? 이 장에서는 미사와 연관된 성물, 장소 등에 대해 자세히 살펴볼 것이다.

이 장을 통해 미사와 연관된 것들에 대해 알아본 다음, 성당에 가서 하나씩 찾아보자. 그리고 미사 때 그것들이 어떻게 쓰이는지 유심히 보자.

성당 입구

성당으로 들어가 보자. 회중석에 이르기 전에 만나는 공간을 '성당 입구Vestibule'라 한다. 예전에는 이 공간을 커다란 깔때기를 의미하는 그리스어 '나르텍스Narthex'라고 불렀다. 이 공간은 교우들이 주님의 현존 앞에 나아가기 전에 미사를 준비하는 곳이다. 지극히 거룩하신 그리스도의 성체 성혈 대축일, 주님 수난 성지 주일이나 파스카 성야와 같은 특별한 미사를 거행할 때 이곳에서 행렬을 준비하거나 불을 축복하고 파스카 초를 마련하기도 한다.

초기 교회에서는 미사 전에 와서 성체성사 안에 참으로 현존하시는 예수님을 모실 준비를 하는 것을 매우 중요하게 여겼다. 당시 그리스도인들은 교우의 집에 모여 미사를 거행했다. 또한 성찬

례는 그리스도인으로 살다가 세상을 떠난 사람들이나 그리스도를 위하여 목숨을 바친 순교자들이 묻힌 지하 묘지에서 거행되었다.

그리스도교가 신앙의 자유를 얻은 것은 4세기경의 일이다. 이때에 와서야 신자들은 기존 건물을 성당으로 개조하거나 성당을 신축할 수 있었다. 이러한 초기 성당의 형태에는 지붕이 있는 현관이 있었다. 당시에는 이 현관이 성당 입구의 역할을 했다. 시대의 흐름에 따라 건물의 구조나 용도는 계속 변해 왔지만, 이 공간에는 제의실이나 제기실이 있는 경우가 많았다. 이 공간을 집전자나 봉사자들이 모이는 대기실로 활용했던 것이다. 이처럼 이 공간은 건물의 현관 역할을 하면서도 로비 구실을 하기도 했다.

우리는 2,000년에 이르는 시간 동안 한 가족으로서 성당에 모여 왔다. 모두 같은 이유로, 즉 그리스도의 제자가 되어 하느님께 더 가까이 가려고 성당에 모여 온 것이다. 특히 미사에 함께 모일 때 우리는 참으로 일치하여 그리스도 안에서 한 몸을 이룬다. 다른 교우들과 함께 성당 입구를 거쳐 회중석으로 들어서며 우리는 하나의 공동체임을 느낀다. 그리고 함께 미사에 참례하여 영성체를 모시며 주님과 직접 인격적인 관계를 맺고 하느님과 가까워진다.

그러므로 교회가 아무리 많고 크다 하더라도, 그것들은 모두 사도들이 세운 최초의 하나인 교회를 이루는 것입니다. 여기서 모든 교회가 나옵니다.

― 카르타고의 테르툴리아노 교부[1]

회중석

'회중석Nave'은 항해 중인 배를 뜻하는 라틴어 '나비스navis'에서 유래한 말이다. 여기서 말하는 배는 교회를 의미한다. 회중석은 미사에 참례하기 위하여 성당에 온 교우들이 모이는 공간이다. 우리는 회중석에서 제단을 바라보며, 다른 교우들과 함께 주님을 경배한다. 회중석에 있는 의자인 신자석은 제단에 계신 하느님을 중심으로 배열되어 있다.

  4세기에 그리스도교가 신앙의 자유를 얻은 뒤에 새롭게 지어진 성당에서 회중석은 교우들이 서 있거나 무릎을 꿇고 기도할 수 있도록 좌석을 따로 배치하지 않고 개방적인 공간으로 만들어졌다. 여기에서 교우들은 남녀로 나누어 자리를 잡았는데, 이는 유다교

회당에서 남녀가 나누어 앉던 관습을 이어받은 것이었다.[2] 이제는 회중석의 배치도 달라졌고 남녀를 구별하여 앉지도 않는다. 하지만 그 기능은 예나 지금이나 다르지 않다. 곧, 성당은 땅이 하늘과 만나는 거룩한 예배 장소다.

우리는 세례 때 한 서약을 새롭게 하기 위해 회중석에 들어가기 전, 성당 문 앞에 있는 세례대(104쪽 '세례대' 참조)나 성수반에서 성수를 찍어 성호를 긋는다. 그런 다음에 회중석에 자리를 잡고, 전례가 거행되는 동안 무릎을 꿇기도 하고, 앉기도 하며, 서기도 한다. 이처럼 우리는 미사에 능동적으로 참여하여 주님 안에서 서로 자라나도록 부르심을 받고 있다. 또한 영성체 때에는 천상 양식을 모시러 회중석을 지나 제단(천국)을 향해 나아간다. 이 모습은 수호천사들이 하느님께 경배를 드리는 모습과 같다. 그 천사들은 인간이 느끼는 감각 너머에 있는 거룩한 실재를 보고 있을 것이다. 이처럼 우리가 배를 타고 구원을 향하여 나아가는 동안, 우리는 하느님의 말씀과 성체성사로 힘을 얻는다.

그러니 진실한 마음과 확고한 믿음을 가지고 하느님께 나아갑시다. …… 우리가 고백하는 희망을 굳게 간직합시다. 약속해 주신 분은 성실하신 분이십니다. 서로 자극을 주어 사랑과 선행을 하도록 주의를 기울입시다. 어떤 이들이 습관적으로 그러듯이 우리의 모임을 소홀히 하지 말고, 서로 격려합시다. 여러분도 보다시피 그날이 가까이 오고 있으니 더욱더 그렇게 합시다.

― 히브 10,22-25

신자석(긴 등받이 좌석)과 장궤틀

'신자석Pew'은 성당의 '회중석'에 마련된 신자들의 좌석을 의미한다. 주님을 바라보도록 놓인 신자석은 하느님 백성이 감실 안에 현존하시는 주님께, 독서대에서 선포되는 성경 말씀에, 제대에서 봉헌되는 희생 제사에 마음을 모으도록 도와준다. 다른 사람이 아니라 바로 하느님께 시선을 온전히 모으도록 돕는 것이다. 그리고 신자석에는 보통 무릎을 꿇을 수 있는 '장궤틀Kneeler'이 있다. 하느님께 무릎을

꿇는 행위는 전례의 역사에 깊이 뿌리박혀 있다.

그러나 신자들이 앉을 수 있는 의자는 근대에 이르기까지는 찾을 수 없었다. 16세기 종교 개혁 이후에도 회중석을 설계할 때 신자 좌석을 고려하지 않았다. 미사에 참례하러 온 공동체는 전례를 거행하는 동안 회중석에 서 있거나 무릎을 꿇고 있었다. 필요한 사람들을 위해 긴 의자를 몇 개 놓아두기도 했지만, 대체로 회중석에는 신자들이 앉도록 배려한 좌석은 없었다. 중세의 성당들에서 사제는 회중석 한가운데 있는 강론대에서 신자들에게 에워싸인 모습으로 강론했다.

신자들이 앉는 긴 의자가 마련된 것은 개신교에서부터 시작되었다. 개신교는 설교를 중요시했기에 신자들이 긴 시간 설교를 들을 수 있도록 이러한 좌석을 마련했던 것이다. 그것이 가톨릭에 전해지면서 성당에도 회중석에 긴 의자가 배열됐다. 16세기 후반에 가서야 등받이 좌석과 장궤틀이 생겼다. 그리고 의자가 커지고 고정됐다.

우리는 신자석에서 전례에 능동적으로 참여하도록 부름을 받는다. 자리에 앉아 배우기도 하고, 복음 봉독과 특별한 기도와 같이 어떤 위대한 일이 일어나는 것을 보려고 일어서기도 한다. 그리고 무릎을 꿇기도 한다. 하느님 앞에서 무릎을 꿇는 것은 우리의 겸손을 드러내고 하느님께 공경을 드리는 표시다(시편 95,6; 이사 45,23; 루카 5,8; 필리 2,10 참조).

들어가 몸을 굽혀 경배드리세. 우리를 만드신 주님 앞에 무릎 꿇으세.
그분은 우리의 하느님, 우리는 그분 목장의 백성, 그분 손수 이끄시는 양 떼로세.
아, 오늘 너희가 그분의 소리에 귀를 기울인다면!

— 시편 95,6-7

제단

'제단Sanctuary'은 사제와 다른 봉사자들이 자신의 임무를 수행하는 곳이다.[3] 예전에는 제단을 '성소聖所', 라틴어 '상투아리움sanctuarium'이라는 말로 불렀다. 이 말처럼 제단은 '거룩한 장소'로 성당의 다른 공간과 뚜렷이 구별되어야 한다. 그 한가운데에는 제대가 있어야 하며, 주례석과 독서대도 알맞게 배치되어야 한다.

우리는 구약 성경에서 제단의 뿌리를 찾을 수 있다. 하느님께서는 당신 백성에게 성소를 지으라고 분부하셨다. 이 성소의 안쪽에는 지성소라고 불리는 하느님께서 머무시는 곳이 있었다. 오늘날 성당에서는 미사 거행 시에는 제대 위, 그 외에는 성체를 모셔 두는 감실이 주님께서 현존하시는 지성소가 된다.

회중석에 들어가 주님의 현존 안에 있을 때, 우리는 감실 안에 계시는 예수님께 깊은 절을 하거나 무릎을 꿇는다. 미사를 시작할 때 사제는 제단으로 들어가 제대에 고개를 숙여 경건하게 절한다. 제대에 대한 이러한 공경 행위는 미사를 거행하는 동안 예수님께서 그 제대에 현존하신다는 것을 드러낸다. 미사가 끝나고 사제는 제단을 떠나기 전에 다시 제대에 경건하게 절한다. 그 후 우리는 감실 안에 계시는 예수님의 현존으로 다시 들어간다.

루카 복음서 24장에는 두 제자가 엠마오로 가고 있을 때 부활하신 예수님께서 그들과 함께 걸으셨던 이야기가 나온다. 예수님과 함께 걸으며 이야기를 하면서도 그들은 예수님을 알아보지 못했다. 그러다가 저녁을 먹는 식탁에 앉아 예수님께서 빵을 들고 찬미를 드리신 다음 그것을 떼어 나누어 주실 때에야 그들은 눈이 열려 예수님을 알아보게 되었다. 성당에 와서 예수님을 뵙고 있는가? 미사 때 예수님께서 하시는 말씀을 듣고 있는가? 예수님께서 함께 걸으시도록 곁을 내 드리고 있는가? 빵을 떼어 나눌 때는 어떻게 하는가? 그때 예수님을 뵙고 있는가? 우리는 성당에서 매우 실재적으로, 이 땅 위에서 이루어지는 어떠한 만남보다도 더 현실적으로 예수님의 현존 안에 들어갈 수 있다. 예수님께서는 참으로 성체성사 안에 현존하신다.

그들이 나를 위하여 성소를 만들게 하여라.
그러면 내가 그들 가운데에 머물겠다.

― 탈출 25,8

제대와 제대포

미사 때 '제대Altar'는 제단의 중심이 된다. 제대는 최후의 만찬을 재현하는 거룩한 미사를 거행하는 자리다. 제대를 보호하고 꾸미는 '제대포Altar Cloth'를 그 위에 덮고, 여러 성물을 그 위에 놓고 미사를 거행한다.

히브리말로 '제사를 바치는 곳'을 의미하는 '제대Altar'는 성당이 세워지기 전 먼 옛날부터 종교 예식의 한 부분을 차지하고 있었다. 그리고 그 제대 윗부분은 식탁을 뜻하는 라틴어 '멘사Mensa'라고 불렸다.[4]

초기 교회의 제대는 순교자들의 무덤(석관)이거나 미사를 거행하는 집으로 가져갈 수 있도록 된 이동 제대였다. 그러다가 4세기

에 그리스도교가 신앙의 자유를 얻은 뒤 영구적으로 고정된 제대가 세워지고, 순교자가 묻힌 지하 묘지에서 미사를 드리던 관습이 차츰 사라져 갔다. 나중에는 세상을 떠난 순교자들 가까이에 있고자 한 초기 교회의 관습을 준수하려고 성인의 유해를 제대 밑이나 제대 안에 모시기도 했다.

〈로마 미사 경본 총지침〉에는 이렇게 나온다. "모든 성당에는 제대가 고정되어 있는 것이 바람직하다. 제대는 살아 있는 돌이신 예수 그리스도를(1베드 2,4; 에페 2,20 참조) 더욱더 분명하게 지속적으로 나타내기 때문이다. 그러나 거룩한 거행을 위하여 봉헌된 곳이 아닌 다른 장소에서는 이동 제대를 쓸 수 있다."(298항)

7세기 무렵에는 제대포가 제대의 영구적인 장식이 되었다. 과거에는 제대 위에 적어도 세 장의 제대포를 덮었지만, 요즘에는 제대포를 한 장만 덮기도 한다.

최후의 만찬 때 당신 자신을 우리에게 내어 주신 예수님께서는 참으로 성체성사 안에 계시며 성찬의 식탁 주위에 현존하신다. 우리는 예루살렘의 2층 방에서 하신 "이는 내 몸이다. 이는 내 피다."라는 예수님의 말씀을 듣는다. 예수님께서는 우리에게 참된 양식을 주시겠다고, 만나보다 훨씬 더 좋은 생명의 양식을 주시겠다고 약속하셨다. 제대는 우리 그리스도인 형제자매들이 이 거룩한 양식을 먹으려고 모이는 식탁이며(요한 6,30-69; 마태 26,20.26-28; 마르 14,17.22-24; 루카 22,14-20 참조), 그리스도와 함께 구원의 희생제사를 봉헌하려고 모이는 자리다. 요한 크리소스토모 성인이 선언한 그대로, 우리는 "우리가 모두 참여하는 이 식탁을 존중"[5]해야 한다.

우리는 이 영적인 찬미가로 자신을 거룩하게 하면서, 자비로우신 하느님께 당신 앞에 놓인 예물에 성령을 보내 달라고 간청합니다. 하느님께 빵이 그리스도의 몸이 되게 해 달라고, 포도주가 그리스도의 피가 되게 해 달라고 간청하는 것입니다. 성령께서 가닿으시는 것은 분명히 무엇이든 변화되고 거룩해지기 때문입니다.

— 예루살렘의 치릴로 성인[6]

주수상

제단 안에 놓인 '주수상Credence Table'은 성찬례 거행에 필요한 거룩한 그릇들을 놓을 수 있는 작은 이동식 탁자다. 이는 본디 식사 때 식탁 옆에 음식을 담아 두는 곁탁자를 가리킨다. 미사를 준비할 때 거룩한 제구들을 주수상 위에 올려놓고, 이 주수상을 알맞은 때 제대 곁으로 옮겨 둔다. 곧, 성찬의 거행에 도움이 되는 모든 제구를 주수상에 미리 갖추어 제단에 두는 것이다.

4세기 이전 그리스도교가 박해받던 시기, 그리스도인들은 미사를 봉헌하다가 당국에 발각되면 체포되어 투옥되고 사형 선고를 받았다. 그렇다 보니 초기 성찬례 거행에 관한 기록을 수많은 재판이나 압수 문서에서 찾을 수 있다. 303년에 한 법정에서는 그리스도인들에게서 압수한 물품을 이렇게 기록했다. "황금 잔 2개, 은제 잔 6개, 은 접시 6개, 은 사발 1개, 은제 등 7개, 홰(불을 붙이는 데 쓰는 물건) 2개, 작은 청동 등과 그 등잔대 7개, 줄이 달린 청동 등 11개."[7]

 이 기록에서 오늘날 주수상에 올려 두는 대부분의 제구들을 볼 수 있으며, 이 거룩한 제구들이 미사가 거행되었다는 것을 명확히 가리키고 있음을 알 수 있다.

 주수상은 말씀 전례와 성찬 전례를 분명하게 구분하는 데 도움이 된다. 말씀 전례가 거행되는 동안에는 보통 주수상에 준비된 제구들을 제대 위에 두지 않는다. 그러나 말씀 전례가 끝나고 성찬 전례가 시작될 때에는 복사들이 이 주수상에 있는 것들을 제대로 옮겨 놓는다. 이것들은 모두 아름답고 거룩한 목적에 쓰이므로, 매우 귀중하게 여기며 조심스럽게 다루어야 한다.

 성경을 가르치는 권위자들은 모든 성당의 무지한 사람들에게 성물에 대한 존경심을 가지도록 가르쳐, 그리스도의 제대에 봉사할 때 성물을 귀중하게 다루게 할 필요가 있다. 주님의 수난을 거행하는 데 쓰이는 성작이나 성체포 그리고 다른 물건들은 생명이나 감각이 없고 거룩함도 없는 단순한 물건이 아니다. 이 물건들은 주님의 몸과 피를 나누는 데 함께 쓰이는 것이므로, 바로 주님의 몸과 피에 대한 경외심과 같은 경외심을 품고 존중해야 한다. 이를 사람들 마음속에 깊이 새겨 주어야 한다.

— 예로니모 성인[8]

성체포

'성체포Corporal'는 미사 중에 제대나 제대포 위에 놓는 네모진 하얀 아마포를 말한다. 성체포라는 말은 몸을 뜻하는 라틴어 '코르푸스corpus'에서 유래했다. 예전의 로마 예법 미사에서는 성체포 위에 바로 제병을 놓았는데, 여기서 '성체포'(코르포랄레corporale)라는 용어가 유래되었다고 한다. 성체포는 성체 현시 때 성광 밑이나 감실 안의 거룩한 그릇 밑에 펴 놓고 사용할 수 있다.

314년에 실베스테르 1세 성인 교황은 '성체포는 다른 천이 아니라 오직 아마포로 만들어야 한다'고 선언했다. 초기에 성체포는 부제가 제대 전체에 펼쳐 놓았다가 영성체가 끝난 다음에 다시 개어 둘 정도로 넓었다고 한다.

가톨릭 교회는 성체와 성혈을 다룰 때 매우 세심하게 주의를 기울인다. 사제가 성체를 떼어 모시고 성혈을 모실 때 떨어지는 거룩한 부스러기나 작은 방울을 이 성체포로 받는 것이다. 그래서 영성체 후에는 예수님의 거룩한 몸과 피가 조금이라도 바닥에 떨어지지 않게 성체포를 조심스럽게 여러 겹으로 개어 둔다. 그러고 나서 나중에 특별한 방법으로 세탁한다(125쪽 '제의실과 제기실, 세정대' 참조).

거룩한 신비에 익숙하게 참여해 온 여러분은 언제 어떻게 주님의 몸을 받아 모시는지 알고 있습니다. 여러분은 주님의 몸에서 아무리 작은 부스러기라도 떨어뜨리지 않도록, 축성된 예물의 한 부분이라도 잃어버리지 않도록, 존경심을 가지고 매우 세심하게 주의를 기울여야 합니다.

— 알렉산드리아의 오리게네스 교부[9]

빵과 포도주

미사 때 사용하는 빵은 누룩을 넣지 않고 밀가루와 물로만 만드는, 동그란 모양의 제병이다(탈출 12,17-20 참조). 이 빵은 축성을 드린 뒤 그리스도의 몸이 되며, 이렇게 축성된 제병을 '성체'라고 부른다. 미사 때 쓰는 포도주는 포도만 빚어 발효시킨 것이다.[10] 이 포도주도 마찬가지로 축성을 드린 뒤 그리스도의 피가 되며, 이를 '성혈'이라 부른다. 우리가 성체 한 조각이라도 받아 모신다면, 혹은 성혈을 한 방울이라도 받아 모신다면, 그것은 예수님의 몸과 피를 받아 모시는 것이다. 곧 예수님을 온전하게 받아 모시는 것이다.

　빵과 포도주에 대해서는 성경의 여러 곳에서 찾아볼 수 있다.

요한 복음서 6장에서 우리는 예수님을 찾아온 많은 군중이 빵을 배불리 먹었던 이야기를 볼 수 있다. 이튿날 더 많은 사람이 다시 예수님께 몰려들었다. 예수님께서는 그들에게 당신 살을 먹고 당신 피를 마시는 사람은 영원한 생명을 얻는다는 진리를 말씀하셨다. 그러나 사람들은 예수님의 말씀을 이해하지 못했다. 예수님께서는 그들의 조상들이 먹던 만나보다 훨씬 더 좋은 새로운 빵의 의미를 분명하게 거듭 밝히셨다. 하지만 사도들도 그 가르침을 완전히 이해하지는 못했다. 그들은 다만 예수님의 살을 먹고 그 피를 마실 때가 오면 어떻게든 예수님께서 다 알아서 해 주시리라고 믿었을 뿐이다. 그리고 예수님께서는 실제로 그렇게 해 주셨다! 최후의 만찬 때 빵과 포도주의 형상으로 그분의 몸과 피를 내어 주신 것이다.

    초기 교회 이래로 빵의 크기는 달라졌다. 하지만 밀가루와 물만으로 이루어진다는 점에는 변함이 없다. 기록에 따르면 3세기에도 빵은 동그란 모양이었다고 한다. 제피리노 성인 교황은 성체를 '둥근 모양의 화관'이라 했고, 알렉산드리아의 세베로 성인은 성체의 모양을 '원circle'이라고 했다. 프랑스의 도미니코회 수도자인 뒤랑은 성체가 은돈 서른

늪에 팔리신 주님의 몸값을 상기시켜 주는 동전 모양이라고 설명했다.[11] 2,000년 동안 교회는 빵과 포도주의 형상 아래 주님의 몸과 피의 실재를 한결같이 간직해 왔다.

신약 성경에서 예수님께서는 자연을 다스리는 권능과 권위를 보여 주셨다. 거센 돌풍이 이는 호수를 한마디 말씀으로 고요하게 하셨다. 그리고 음식을 많게 하고 음료를 바꾸는 기적을 일으키셨다. 빵과 물고기를 많게 하신 기적에서 예수님께서 그분을 따르는 사람들을 위하여 많은 음식을 마련하시는 것을 본다. 이와 마찬가지로 카나의 혼인 잔치에서 물을 포도주로 변화시키신 기적을 본다.

우리는 예수님께서 공생활 중에 보여 주신 이러한 기적들을 통해 예수님을 믿고 따르게 된다. 이와 더불어 빵과 포도주의 겉모습이 그대로 남아 있을지라도 축성을 드린 뒤 실체가 변화됨을 믿게 된다.

그리스도께서는 빵을 주시며 "이는 내 몸의 상징이다."라고 하시지 않고 "이는 내 몸이다."라고 말씀하셨습니다. 또 같은 모양으로 당신 피의 잔을 주시며 "이는 내 피의 상징이다."라고 하시지 않고 "이는 내 피다."라고 말씀하셨습니다. 예수님께서는 우리가 성찬의 요소들을 단순한 빵과 포도주로 보지 않고 성령의 오심과 은총으로 받아 모시기를, 곧 주님의 몸과 피로 받아 모시기를 바라셨기 때문입니다.

— 몹수에스티아의 테오도로[12]

성반

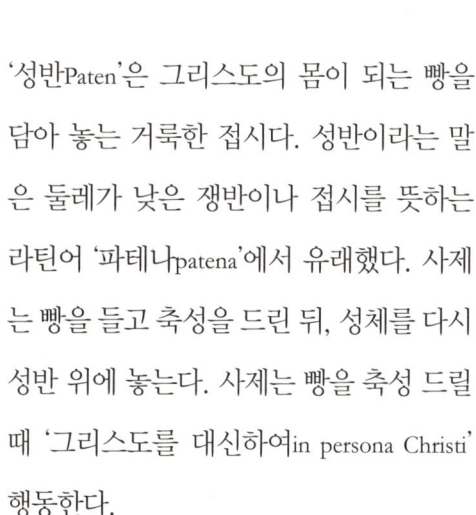

'성반Paten'은 그리스도의 몸이 되는 빵을 담아 놓는 거룩한 접시다. 성반이라는 말은 둘레가 낮은 쟁반이나 접시를 뜻하는 라틴어 '파테나patena'에서 유래했다. 사제는 빵을 들고 축성을 드린 뒤, 성체를 다시 성반 위에 놓는다. 사제는 빵을 축성 드릴 때 '그리스도를 대신하여in persona Christi' 행동한다.

 미사가 거행되기 전, 성반은 성작 위에 놓아둔다. 그리고 그 위에 성작 덮개를 덮어 주수상 위에 두었다가 성찬 전례가 시작되면 영성체 예식이 끝날 때까지 제대 위에 둔다.

오늘날 성반은 작은 접시 크기다. 그러나 예전에는 성반의 무게가 9~14킬로그램 정도로 훨씬 더 크고 무거웠다. 축성에 필요한 모든 빵을 담기 위해서였다. 초기에는 성반을 주로 금이나 은으로 만들었지만, 유리나 나무로 만들기도 했다. 오늘날에는 주로 성작과 같은 재료로 만든다.

성반은 전례에 사용하기 위해서는 축복해야 하며, 이 축복 예식은 미사 때 거행하는 것이 바람직하다. 사제라면 누구나 《로마 미사 경본》(부록 IV)에 따라 성반을 축복할 수 있다(《주교 예식서》 985-986항 참조).

예수님께서는 베들레헴(히브리어로 '빵집')에서 태어나신 '생명의 빵'(요한 6,48 참조)이시며, 외양간의 '구유'(가축들에게 먹이를 담아 주는 그릇)에 담긴 양식이시다. 하느님의 어린양이신 예수님께서 바로 이 성반 위에 놓이시어 우리를 위하여 우리 영혼의 양식이 되신다.

여러분 가운데 많은 사람이 "나는 주님의 얼굴을 보고 싶다. 주님의 옷을, 주님의 신발을 보고 싶다."라고 말합니다. 그러나 여러분은 이미 주님을 보고 만지고 있으며, 주님을 먹고 있습니다. 주님께서는 당신을 볼 수 있도록, 당신이 여러분을 먹여 살리는 양식이 되도록, 바로 당신 자신을 여러분에게 내어 주십니다.

— 요한 크리소스토모 성인[13]

성작

빵과 포도주가 예수님의 몸과 피로 성변화되는 것은 성찬례의 핵심이다. 그렇기에 미사 때 사용되는 포도주를 담을 수 있는 거룩한 잔인 '성작Chalice'은 미사에서 핵심적인 제구다. 이에 따라 성작은 그리스도교 초창기부터 매우 중요하게 여겨졌으며, 훌륭하게 장식되었고, 조심스럽게 다루어져 왔다.

 미사의 상징으로 성체와 성혈을 떠올리기 때문에 흔히들 미사 내내 성체와 성혈이 제대에 준비되어 있을 것이라고 생각한다. 하지만 말씀 전례 때까지는 제대에 성체와 성혈을 두지 않는다. 같은 이유로 성작도 말씀 전례 때까지는 주수상 위에 놓아두었다가 성찬 전례가 시작되어서야 제대로 가져온다. 성작은 영성체 예식이 끝날 때까지만 제대에서 사용한다.

성찬 전례에서 예물을 준비할 때 사제나 부제는 성작에 포도주를 붓고 물을 조금 따르며 마음속으로 기도를 바친다. 이는 그리스도의 신성에 그리스도의 인성이 결합되는 것을 상징하며 또 그렇게 되기를 기도하는 것이다. 복음서에서는 예수님께서 예루살렘에서 거행하신 최후의 만찬 때 포도주가 가득 담긴 잔으로 파스카 식사를 하셨다고 전한다. 예수님께서는 바로 2,000년 전 최후의 만찬에서 처음으로 축성의 말씀을 하셨다. 지금도 사제들은 성품성사 때 받은 예수님의 권위로 예수님께서 하신 말씀을 똑같이 하며 빵과 포도주를 축성한다. 사제는 포도주를 축성 드릴 때 '그리스도를 대신하여' 행동한다는 것을 기억해야 한다.

성작을 전례에 사용하기 위해서는 반드시 축복해야 하며, 축복 예식은 미사 때 거행하는 것이 바람직하다. 사제라면 누구나 《로마 미사 경본》(부록 IV)에 따라 성작을 축복할 수 있다(《주교 예식서》 985-986항 참조).

성혈은 성작에만 담는 것이 원칙이다. 그러나 신자들이 양형 영성체(성체와 성혈을 함께 받아 모시는 것)를 할 때에는 고귀한 성혈을 분배하는 다른 잔을 쓰기도 한다(63쪽 '영성체 성작' 참조). 물론 이때에도 성혈을 조심히 다루어야 한다.

제2차 바티칸 공의회 이전까지 성작은 튤립 모양을 한 경우가 많았으며, 포도주를 담는 공간이 좁았다. 이는 미사 때 사제만이 성혈을 모실 수 있었기 때문이다. 하지만 오늘날에는 신자들이 양형 영성체를 할 때가 있으므로 과거에 비해 더 크게 제작되는 경향이 있다.

성작은 그 쓰임의 특성상 쉽게 녹이 슬거나 깨지지 않고 물기가 스며들지 않는 재료로 만들어야 한다. 그래서 오늘날에는 주로 금이나 은으로 만든다. 다만 재정 형편이 어려운 성당의 경우에는 백랍(납과 주석의 합금)으로 만들기도 한다. 물론 그러한 경우라도 성작 안쪽에 금박이나 금색으로 도금을 한다. 한국 교회에서는 칠보나 자개 같은 귀하고 값진 재료를 쓰기도 한다.

포도주와 물이 섞인 잔과 구운 빵은 하느님의 말씀을 받아 그리스도의 몸과 피인 성체와 성혈이 된다. 이 성체와 성혈로 우리 몸의 실체가 유지되고 증대된다.

― 리옹의 이레네오 성인[14]

성작 덮개

'성작 덮개Pall'는 성작에 먼지나 다른 오염 물질이 들어가지 못하도록 성작 위에 놓아두는 거룩하고 단단한 덮개다. 이 덮개는 특별히 축성을 드린 뒤에 먼지 같은 이물질이 고귀한 성혈에 섞이지 않게 막아 주기에 중요한 성물이다.

오늘날 쓰이는 성작 덮개는 11세기나 12세기까지는 없었다고 한다. 그때까지는 성체포가 지금보다 훨씬 더 넓어서 제대 위에 있는 고귀한 예물을 덮어 보호하는 성작 덮개의 기능까지 했다. 그 뒤 성체포의 크기가 줄어들면서, 지금은 성작 덮개가 더 많이 사용되고 있다.

성찬례를 거행할 때, 특히 축성을 드린 뒤에는 성혈을 깨끗하고 순수하게 보존하는 것이 대단히 중요하다. 창문이나 방충망 같은 차단막이 발전하기 전에는 기후에 따라 일부 지역에서 성작 덮개가 필수적이었을 것이다. 지금은 예전만큼 필요하지는 않지만, 그럼에도 성혈에 불순물이 섞일 수 있으므로 이 성작 덮개를 계속 사용하고 있다.

성작 수건

'성작 수건Purificator'은 라틴어로 '깨끗하게 씻거나 정화한다'는 의미를 지닌 '푸리피카레purificare'에서 나온 이름이다. 성작 수건은 거룩한 그릇에 남아 있는 예수님의 고귀한 성체 부스러기나 성혈 자국을 물로 깨끗이 씻어 내고 닦는 데 사용되는 거룩한 천이다. 성혈을 나누어 주는 사제나 봉사자는 모두 성작 수건을 지닌다. 필요할 때까지 성작 수건은 성작 위에 걸쳐 놓고 그 위에 성반을 놓아둔다. 신자들의 영성체 때 쓰이는 모든 잔은 성작 수건과 함께 주수상 위에 놓여 있다.

중세 때는 지금과 같은 성작 수건이 없고, 성직자들이 함께 쓰는 천이 있었던 것으로 보인다. 성작 수건은 성체포, 성작 덮개와 달리 전례에서 사용하기 전에 특별한 축복을 하지 않는다.

　반드시 필요한 것은 아니지만, 전례에서 사용하는 천이라는 것을 쉽게 알아볼 수 있도록 성작 수건에 붉은 십자가를 수놓기도 한다. 영성체 때 쓰이는 모든 잔과 성작은 성작 수건으로 닦는다. 이때 예수님의 성혈을 공경하는 마음으로 매우 세심하게 다뤄야 한다. 미사 때 사용한 모든 성작 수건은 공경하는 마음을 다해 세정대에서 세탁한다(125쪽 '제의실과 제기실, 세정대' 참조).

하느님의 아드님을 짓밟고, 자기를 거룩하게 해 준 계약의 피를 더러운 것으로 여기고, 은총의 성령을 모독한 자는 얼마나 더 나쁜 벌을 받아야 마땅하겠습니까?

― 히브 10,29

주수병

'주수병Cruets'은 두 개의 병이다. 하나의 병에는 물이 담겨 있고, 다른 병에는 포도주가 담겨 있다. 주수병은 주수상에 놓아두었다가 성찬 전례가 시작되면 제대로 가져간다. 예물 행렬이 있는 미사에서는 예물 봉헌 때 봉헌자가 봉헌대에서 제단으로 가져간다. 영성체 때 성혈을 나누어 줄 경우에는 충분히 큰 성작이나 여러 개의 성작에 포도주를 담아 미사 중에 축성해야 한다.

규정된 것은 아니지만, 주수병은 흔히 유리나 크리스털(수정)로 만든다. 각 병 안에 담긴 액체를 투명하게 볼 수 있고 병을 씻는 데에도 편리하기 때문이다. 유리나 크리스털로 만든 주수병을 사용하면, 포도주와 물을 혼동할 가능성도 낮아진다.

역사적으로 주수병은 유리나 크리스털 말고도 금과 은 같은 귀금속으로 만들었다. 예전에는 주수병마다 로마자 'A'나 'V'가 새겨져 있었다. 이는 물과 포도주를 혼동하지 않기 위한 것으로 라틴어로 '아쿠아Aqua'(물)라는 A자가 새겨진 병에는 물이 담겨 있고, 라틴어로 '비눔Vinum'(포도주)이라는 V자가 새겨진 병에는 포도주가 담겨 있다. 주수병에는 일반적으로 손잡이와 병마개가 있고, 때로는 주수병들을 옮기는 데에 알맞은 접시나 쟁반도 함께 둔다.

보통 미사 전에 제의실지기가 주수병 하나에 포도주를 담고, 다른 하나에 물을 담아 놓는다. 사제는 미사 때 주수병에 담긴 포도주와 물을 성작에 섞어 예식을 준비한다. 그때 주수병에 담긴 포도주를 성작에 붓고, 물 한두 방울을 성작에 떨어뜨려 섞는다. 포도주는 그리스도의 신성을, 물은 그리스도의 인성을 상징하는 것이다. 한번 성작에 섞인 물과 포도주는 결코 분리될 수 없다.

성합

'성합Ciborium'은 성체를 담는 거룩한 그릇이다. 이는 성체를 신자들에게 나누어 주는 데에 주로 사용한다. 성찬 전례가 시작될 때까지 성합은 주수상 위에 둔다. 예물 행렬이 있는 미사에서는 봉헌대 위에 놓여 있다가 예물 봉헌이 있을 때 봉헌자가 제단으로 가져간다.

성합을 가리키는 라틴어 '치보리움Ciborium'이라는 말은 존경의 의미로 제대 위에 설치하는 '덮개canopy'를 가리키는 것이기도 하다. 중세 때는 성체를 모셔 두는 감실을 의미했고, 이를 더 실용적으로 사용하다 보니 성체를 담는 거룩한 그릇인 성합을 의미하게 되었다. 성체를 감실 안에 모셔 둔다는 근본 의미가 이 거룩한 그릇에 덧붙여진 것이다.

　성합의 모양은 원래 성작과 비슷했으나 요즘 영성체 때 쓰이는 성합은 잔보다는 밥그릇과 비슷한 모양이다. 오늘날에는 성체를 분배할 때 사용하는 용도 외에 성체를 보존하는 데에도 사용되기 때문에 덮개가 있는 형태도 있다. 그러나 성체를 감실 안에 모셔 둘 때 쓰이는 성합은 흔히 성작과 비슷한 모양이다. 성체 분배 뒤에 남은 성체는 모두 성합에 담아 그리스도의 고귀한 몸을 안전하게 보존하는 감실 안에 모시고 잠가 둔다.

주님께서는 날마다 황금 성합 안에 머물러 계시려고 하늘에서 내려오시는 것이 아닙니다. 그분께서는 또 다른 하늘, 곧 우리 영혼의 하늘을 찾아오시어, 그 안에서 커다란 기쁨을 누리십니다.

― 아기 예수의 데레사 성녀[15]

영성체 성작

'영성체 성작Communion Cup'은 양형 영성체 때 신자들에게 성혈을 나누어 주는 데 사용하는 성작이다. 양형 영성체를 하는 미사인 경우, 보통 필요할 때까지 주수상 위에 영성체 성작을 놓아두며, 제대 옆에 따로 두기도 한다. 이때 모든 영성체 성작에 성작 수건도 하나씩 같이 놓아둔다.

그리스도인 공동체가 점점 불어나면서 영성체를 하기 위해 빵과 포도주를 더 많이 축성하고 더 빨리 나누어야 할 필요가 있었다. 이에 따라 필요한 성작 수도 늘어났다. 그러나 제대 위에서 축성을 드리기 위한 성작은 하나밖에 볼 수 없을 것이다. 726년 그레고리오 2세 성인 교황은 "미사를 거행할 때 제대 위에 두세 개의 성작을 놓는 것은 적절하지 않다."[16]라고 말했다. 이는 축성을 드릴 때 사제가 성작 하나에만 손짓을 한다는 의미이지, 영성체 성작을 사용해서는 안 된다는 의미라거나 필요한 경우에도 영성체 성작을 제대 위에 둘 수 없다는 의미는 아니다.

  신자들은 그리스도의 몸과 피를 온전히 모시기 위하여 성체와 성혈을 모두 받아 모셔야 할 필요는 없다. 성체 한 조각, 성혈 한 방울만으로도 주님의 몸과 피를 온전히 모신 것이다. 특별한 이유로 성체를 모시지 못할 경우 성혈을 조금만 받아 모셔도 되며, 성혈을 받아 모시지 못했다 하더라도 성체만 받아 모시면 된다.

  그러나 '그리스도를 대신하여' 주례하는 사제는 반드시 포도주를 축성하여 그 성혈을 조금이라도 모셔야 한다. 그러기에 제대 위에는 언제나 주례 사제와 공동 집전 사제들을 위한 성작이 있어야 한다.

어떤 사람들이 피를 마시는 데 익숙합니까? 유다인들은 주님의 말씀을 듣고 불쾌해져 "누가 사람의 살을 먹고 피를 마실 수 있단 말인가?" 하고 말했습니다. 그러나 믿는 사람들, 곧 그리스도인들은 이러한 사실을 듣고 받아들이며 이렇게 말씀하시는 주님을 따릅니다. "너희가 내 살을 먹지 않고 내 피를 마시지 않으면, 너희는 생명을 얻지 못한다. 내 살은 참된 양식이고 내 피는 참된 음료다."(요한 6,53.55 참조)

— 알렉산드리아의 오리게네스 교부[17]

포도주 병

술병을 뜻하는 라틴어 '플라스코flasco'에서 유래한 '포도주 병Flagon'은 양형 영성체 때 모든 신자에게 그리스도의 성혈을 나눠 주기 위해 사용하는 커다란 용기다. 여기에는 영성체 성작에 부을 포도주가 담겨 있다. 주례 사제를 위한 물과 포도주는 주수병에 담겨 있는 데 비해 포도주 병에 담긴 포도주는 양형 영성체를 위해 미사에 참석한 신자들을 위한 것이라는 점에서 차이가 있다. 포도주 병은 미사 전에 주수상에 놓여 있으며, 축성을 드리기 전에 그 안에 담긴 포도주를 제대에 있는 영성체 성작에 부은 뒤 다시 주수상 위에 놓아둔다. 축성을 드린 뒤에 신자들은 성혈을 영성체 때 나누어 모실 수 있다.

포도주 병의 유래는 잘 알려지지 않았다. 다만 그리스도인 공동체가 증가하면서 포도주를 더 많이 축성해야 하여 자연스럽게 생겨난 것으로 보인다. 오늘날의 포도주 병은 손잡이가 달린 작은 주전자와 비슷한 모양이다.

영성체 때 모시는 성체와 성혈에 대해서는 언제나 세심하게 주의를 기울여야 한다. 교황청 경신성사성에서 발표한 훈령 〈구원의 성사Redemptionis Sacramentum〉에는 이러한 언급이 나온다. "너무도 위대한 신비에 해가 될 수 있는 어떠한 일도 일어나지 않도록, 축성한 뒤에 그리스도의 피를 한 용기에서 다른 용기로 쏟아 붓는 것은 엄격히 금지하여야 한다."(106항)

제대 종

신자라면 누구나 미사 때 아름다운 종소리를 들어 본 적이 있을 것이다. 이 종소리는 미사 중 성체 축성 바로 전에, 놀라운 일이 이루어질 것이라고 신자들에게 알려 주는 역할을 한다. 또한 "성체와 성작을 높이 들어 보일 때 그 지역 관습에 따라 종을 칠 수 있다."[18]

본디 빵과 포도주의 예물 위에 성령께서 내려오시기를 비는 첫 번째 '성령 청원 기도Epiclesis(에피클레시스)' 때 성령께서 내려오심을 알리려고 '제대 종Altar Bells'을 울렸고, 축성된 성체 성혈 안에 그리스도께서 성사적으로 현존하심을 드러내려고 성체와 성작을 높이 들어 보일 때 제대 종을 울렸다. 미사 때 제대 종이 울리면 정신을 집중하고 그 의미를 정확히 새겨들어야 한다.

구약 시대에도 예식을 거행할 때 종을 울렸다. 탈출기 28장에는 대사제의 겉옷 자락에 금방울을 달아 주님께서 현존하시는 성소에 들어갈 때와 물러날 때 그 방울 소리가 울리게 했다고 언급한다.

초기 그리스도인들은 전례를 거행하는 동안 되도록 소리를 내지 않으려고 했다. 전례를 거행하다 당국에 발각되면 사형에 처해졌기 때문이었다. 그 후 7세기에 사비니아노 교황이 미사 때 종을 울리게 한 뒤, 거룩한 예식에서도 종소리를 들을 수 있게 되었다.[19]

신자들에게 정신을 집중하라고 알리는 제대 종은 한 번이나 세 번 울린다. 어떤 나라에서는 사제가 성체를 높이 들어 보일 때 신자들이 지극한 존경심으로 "저의 주님, 저의 하느님!"이라고 신앙 고백을 하는 관습이 있다. 이는 부활하신 주님께서 토마스 사도에게 나타나셨을 때, 사도가 주님께 한 신앙 고백이다. 이처럼 미사 때 이루어지는 몸짓이나 분향의 향기, 종소리와 같은 것들은 우리의 경외심을 더 높이 들어 올리도록 도와준다. 그러므로 종을 울리는 일은 아름답고도 귀중한 관습이라고 할 수 있다.[20]

봉헌대

'봉헌대Offertory Table'는 특별히 회중석 입구 가까이에 놓아두는 탁자다. '봉헌Offertory'이라는 말은 '드리다, 바치다, 가져오다'라는 뜻으로 쓰이는 라틴어 '오페레offerre'에서 나왔다.[21] 우리는 예물인 빵과 포도주를 이 봉헌대 위에 놓아두었다가 예물 준비 때 행렬을 지어 제단으로 가져간다. 이 예물을 하느님께 봉헌하며 우리는 정화되고 더 큰 힘을 얻을 수 있다.

'봉헌' 때 이 예물을 제단으로 가져가는 오랜 관습은 초기 교회의 저술에 잘 드러난다. 유스티노 성인은 155년에, 히폴리토 성인은 225년에 청원 기도(보편 지향 기도)를 바친 다음 빵과 포도주를 봉헌하는 관습을 언급한다. 〈로마 미사 경본 총지침〉 73항에는 이

렇게 나온다. "그다음에 예물을 제대에 나른다. 빵과 포도주는 신자들이 가져오는 것이 좋다. 사제나 부제는 알맞은 곳에서 이 예물을 받아 제대로 옮긴다. 신자들이 전례 때 쓸 빵과 포도주를 옛날처럼 자기 집에서 가져오지는 않더라도 이 예식의 가치와 영적인 뜻은 그대로 살아 있다."

신학자이자 작가인 에드워드 스리Edward Sri는 《미사를 통한 성경 산책A Biblical Walk Through the Mass》에서 이렇게 말한다. "이 예물 봉헌은 참으로 커다란 의미를 지닌다. 특히 자기 밭이나 집에서 거둔 열매로 직접 만든 것이기에 그렇다. 따라서 예물 봉헌은 바로 자기 자신을 봉헌하는 것과 같다. 실제로 자기 자신이 힘들여 일한 노동의 결실을 바친다는 것은 희생이라는 함축적 의미를 지닌다. 이는 예물 봉헌이 바로 우리가 저마다 하느님께 자기 자신을 바치는 것을 상징하는 까닭이다."[22] 오늘날 미사에 참여하는 신자들이 실제로 빵과 포도주를 만들지는 않는다. 그래도 이 예물을 제단으로 가져가는 예물 봉헌을 통해 우리는 우리 자신을 하느님께 봉헌한다는 상징적인 의미를 깊이 새길 수 있다.

그다음에 형제들의 모임을 주재하는 사람에게 빵, 그리고 물과 포도주를 섞은 잔을 가져다줍니다. 그 사람은 이것을 받아 성자와 성령의 이름으로,

우주의 아버지께 찬미와 영광을 드리고, 우리가 이 선물들을 받기에 합당한 사람으로 뽑힌 데 대하여 오랫동안 감사를 드립니다.

— 유스티노 성인[23]

독서대

'독서대Ambo'는 제단 안에서 성경 독서를 봉독하고 화답송의 시편을 노래하거나 낭송하는 자리다. 또한 사제나 부제가 복음을 봉독하고 강론을 하는 자리이기도 하다. 신자들의 기도, 곧 보편 지향 기도도 독서대에서 할 수 있다.[24]

말씀 전례가 이루어지는 자리를 강론대와 독서대라고 서로 바꾸어 부르는 경우가 많다. 이 두 가지 모두 단순한 이동 연단과는 다르다. 강론대는 예전에 성당 건물의 한 부분으로 설계된 넓고 높은 곳이다. 대체로 층계를 돌아 올라가게 되어 있었다. 지은 지 오래된 몇몇 성당에는 아직도 강론대가 있고 이를 사용하기도 한다. 그러나 대부분의 성당에서는 강론대 대신에 독서대를 사용하

고 있다. 일반적으로 독서대는 직사각형 모양으로 회중석보다 조금 높은 곳에 별도로 세워져 있다.

유다교 율법 교사들은 바닥보다 조금 높은 연단 같은 곳에서 성경을 봉독하곤 했다. 4세기에는 그리스도교에도 유다교처럼 성경을 봉독하는 자리가 생겼다. 이것이 바로 독서대다. 처음 독서대가 도입되었을 때는 높이가 그리 높지 않아서 한두 층계만 올라가면 되었고, 주로 회중석에 있었다. 이 당시에는 독서대가 특별한 자리로 여겨지지 않아 주교들은 주로 주례석에서 말하곤 했다. 그러다가 9세기에는 거의 대부분의 성당에 성경을 봉독하거나 강론을 하는 독서대 한두 개가 생겼고, 14세기에 와서는 그 설계에서부터 대부분 강론대로 바뀌었다.[25] 오늘날 전 세계 성당들을 찾아가면, 회중석보다 조금 높은 곳에 있는 독서대나 건물의 벽이나 기둥에 덧붙여 드높이 세운 강론대, 제단의 한쪽 바닥에 고정된 현대식 독서대를 볼 수 있다.

독서대는 하느님께서 친히 성경을 통하여 우리에게 말씀하시는 자리다. "하느님 말씀은 그 존엄성에 비추어 성당 안에 있는 알맞은 곳에서 선포해야 한다. 그리고 이 장소는 말씀 전례 동안 신자들이 자연스럽게 주의를 기울일 수 있는 곳이어야 한다."[26]

미사가 거행될 때 부제가 있을 경우 부제는 독서대에서 복음을

봉독한다. 그리고 부제는 주례 사제의 요구에 따라 강론을 할 수도 있다.[27]

성경을 모르는 것은 그리스도를 모르는 것이다.

— 예로니모 성인[28]

《로마 미사 경본》

《로마 미사 경본》은 미사를 거행하는 공식 기도문과 예식 규정 지침을 담고 있는 사제의 기도서다. 사제는 성령의 도우심으로 기도 안에서 교우들을 이끄는 데 이 《로마 미사 경본》을 사용한다. 미사가 진행되는 동안 《로마 미사 경본》은 제대 위에 놓아둔다.

12세기까지는 이러한 미사 경본이 없었다. 하지만 전례의 일관성을 유지해야 할 필요는 있었다. 그래서 아주 초기부터 신자들은 전례에서 사용하는 기도와 말씀을 담고 있으며 개별 지역이나 특별한 상황을 위하여 만든 작은 책들을 모으기 시작했다. 이러한 소책자들을 통해 어느 정도 내용에 통일성을 지니게 되었다. 그리고 레오 1세 성인 교황 아래서 이 '기도문 모음집'은 그 내용이 더 풍부해지고 체계를 지니게 되었다.

그러다가 12세기 초에 최초의 '미사 경본'이 만들어졌다. 이 경본에는 기도문과 성경 독서와 찬가 그리고 미사 거행을 위한 예규가 담겨 있었다. 1474년이 되어서야 《로마 미사 경본》이라는 이름을 지닌 기도서가 처음으로 나왔다. 그리고 1570년 비오 5세 성인 교황은 미사를 거행하는 이들이 의무적으로 《로마 미사 경본》을 사용해야 한다고 규정했다. 전례가 공식적으로 통일되는 최초의 순간이었다. 세월이 지나 전례가 점점 발전하면서, 《로마 미사 경본》의 새로운 판들이 발행되었고 소소한 개정이 이루어졌다.[29]

《로마 미사 경본》은 붉은 글씨와 검은 글씨로 이루어져 있다. 여기서 붉은 글씨는 주례 사제가 무엇을 해야 하는지를 지시하고, 검은 글씨는 하느님께 기도할 때 주례 사제가 해야 하는 말을 적어 놓은 것이다. 이처럼 《로마 미사 경본》은 주례 사제의 말과 행위까지 지침으로 정해 놓았다. 이를 통해 신자들은 전 세계 어디를 가든지 똑같은 전례에 참여할 수 있게 된 것이다.

가톨릭 교회는 언제나 전례를 통해서 신앙을 전해 왔다. 주례 사제가 이끄는 미사에 참여하면서, 우리는 예수님께서 선포하신 충만한 구원 메시지 안으로 들어간다. 《로마 미사 경본》은 미사 안으로 우리를 이끌어 보편 교회와 일치를 이룰 수 있게 해 준다.

비오 5세 성인은 《로마 미사 경본》 초판을 발행하여, 교회 안에서 전례 통일의 도구가 되고 그리스도교 백성이 순수한 예배의 표지로 삼게 하였다. ……《로마 미사 경본》을 통하여 모든 이가 그 수많은 언어로, 성령 안에서 대사제 우리 주 예수 그리스도를 통하여 하늘의 아버지께 그 무엇보다도 향기로운 하나의 동일한 기도를 바치기를 바란다.

― 바오로 6세 성인 교황

《미사 독서》

 《미사 독서》, 곧 독서집은 미사 전례에 사용되는 성경 말씀을 수록해 놓은 전례서로, 미사 때 사용한다. 한국 교회에는 신자들이 편하게 볼 수 있도록 전례 시기별로 구분하여 다섯 권으로 된 《미사 전례 독서와 묵상》이 출간되기도 했다. 이는 《로마 미사 경본》과 《미사 독서》의 합본이다.

 《미사 독서》에는 미사에서 선포해야 하는 말씀이 들어 있다. 즉, 모든 미사에 사용되는 복음과 독서, 화답송이 담겨 있다. 독서집 안에 복음이 들어 있지만, 주일과 의무 축일에는 복음만 수록해 놓은 다른 책, 곧 《복음집》을 사용한다.

 우리는 독서집을 통해 3년 주기로 거의 모든 성경 말씀을 듣는다. 가해에는 마태오 복음서의 대부분을, 나해에는 마르코 복음서, 다해에는 루카 복음서를 읽는다. 요한 복음서는 부활, 대림, 사순 시기에 활용된다. 그리고 주일과 대축일에는 독서 두 번과 복음 한 번, 축일과 평일에는 주로 독서 한 번과 복음 한 번을 읽는다. 주일과 대축일의 제1독서와 화답송은 복음의 내용과 주제가 서로 연결되지만, 제2독서는 보통 2년 주기로 특별 시기를 제외하고는 성경 본문의 순서를 거의 그대로 따른다. 축일과 평일의 독서는 주일에 읽지 않은 성경 구절 위주로 특별 시기를 제외하고는 성경 본문의 순서를 거의 그대로 따른다.

그리스도교 전례에서 말씀의 선포는 매우 중요한 부분이다. 예수님께서 승천하신 뒤에, 수많은 서간과 복음서가 그리스도인 공동체를 위하여 남겨졌다. 4세기 말에는 사도가 썼다고 그 권위를 주장하는 서간과 복음서가 무려 300여 개에 이르렀다. 그러나 이것이 성경의 경전으로 확정된 것은 두 번의 공의회, 곧 393년 히포 공의회와 397년 카르타고 공의회가 열린 후다. 이 두 공의회에서 서간과 복음서가 하느님의 영감을 받은 글로 인정받을 수 있었던 것이다. 그리고 나서 그때까지 전례에서 읽어 왔던 저술들이 최종적으로 통일되었다.

가톨릭 신자로서 우리는 참으로 전례 안에서 일치되어 있다.

그리고 오늘날 미사에 참여할 때, 우리가 듣고 노래하고 말하는 모든 말씀이 하느님의 영감을 받은 지극히 귀중한 말씀임을 알고 있다.

일요일이라고 불리는 날, 도시나 마을에 사는 모든 사람이 한곳에 모입니다. 시간이 허락하는 대로 사도들의 기록과 예언자들의 글을 읽습니다.

― 유스티노 성인[30]

《복음집》

《복음집》은 주일과 의무 축일 미사 때 봉독하는 복음만 수록해 놓은 전례서다. 복음은 예수 그리스도께서 직접 하신 말씀들을 담고 있기에, 특별한 존경의 표시로 따로 묶어 놓은 것이다. 《복음집》은 미사를 시작할 때 제대 위에 모셔 두었다가, 사제나 부제가 독서대로 가져가서 봉독하고 입을 맞춘다. 때때로 고개를 숙여 경건하게 절하기도 한다.

복음은 보통 구약 성경의 약속, 예수 그리스도와 하느님 나라의 기쁜 소식을 그리스도께서 성취하시는 것과 관련되어 있다. 최초의 사도들이 하나둘 세상을 떠나기 시작했을 때, 그리스도의 재림을 기다리던 교회의 구성원들은 사도들에게 직접 들은 증언을 기록해 둘 필요가 있다고 여겼다. 특별히 하느님의 영감을 받은 것으로 여기는 네 복음서는 마태오, 마르코, 루카, 요한의 복음서다. 복음서를 자처하며 돌아다닌 다른 글들도 있었지만, 이 네 복음서만 초기 교회에서 보편적으로 받아들여졌다. 마태오 복음사가와 요한 복음사가는 예수님의 제자들이었다. 그리고 마르코 복음사가와 루카 복음사가는 각기 베드로 사도와 바오로 사도의 제자였다. 복음 봉독은 초기부터 미사에서 영예로운 자리를 차지해 왔다. 이는 교부들의 기록을 통해 알 수 있다. 또한 하나 이상의 독서대가 있는 성당에서 더 높은 자리에 있고 더 많은 장식을 한 자리에서 복음을 봉독했다는 사실에서도 그 중요성을 알 수 있다.

"복음 봉독은 말씀 전례의 정점이다. 전례에서는 다른 독서에 견주어 특별한 영예의 표시로 복음에 가장 큰 경의를 드리라고 가르친다. 그래서 복음 선포를 하도록 정해진 봉사자는 축복을 받거나 기도를 바치며 복음 선포를 준비하고, 신자들은 환호함으로써 그리스도께서 거기에 현존하시며 자신들에게 말씀하신다는 사실을 인정하고 고백한다. 그리고 복음은 서서 듣는다. 아울러 《복음집》에도 경의를 표시한다."[31]

복음 봉독 전에, 우리는 모두 자기 이마와 입술과 가슴에 십자 표시를 한다. 이는 복음을 머리로 들어 이해하고, 입술로 전하며,

가슴에 새긴다는 의미다. 그러나 사제나 부제는 독서대 위에 있는 《복음집》에 이 표시를 한다.

사도들이 작성한 복음서라는 기록 안에서, 그들은 자기들이 받은 것을 우리에게 이렇게 전해 주었습니다. 예수님께서는 빵을 드시고 감사를 드리신 다음 말씀하셨습니다. "너희는 나를 기억하여 이를 행하여라. 이는 내 몸이다." 같은 모양으로 잔을 드시고 감사를 드리신 다음 말씀하셨습니다. "이는 내 피다." 그러고 나서 그분께서는 사도들에게 그 잔을 주셨습니다.

— 유스티노 성인[32]

감실

'감실Tabernacle'은 '천막'을 뜻하는 라틴어 '타베르나쿨룸tabernaculum'에서 나온 말로 성소, 곧 제단 안에 있는 '작은 집'을 뜻한다. 감실 안에 모셔 둔 성체 하나하나에 예수님께서 성사적으로 현존하신다. 영성체 후에 남은 성체는 감실 안에 모셔 놓고 규범에 따라 잠가 둔다. 감실은 제단 안에 두는 것이 바람직하다. 감실 가까이에는 성체등이라는 등불을 밝히는 특별한 등잔대를 두어, 감실 안에 예수님께서 현존하실 때 언제나 그 등불이 타오르게 한다.

4세기에 그리스도교 신앙이 공식적으로 인정받은 뒤에, 여러 방이나 제의실에 감실을 두어 성체를 보관하기 시작했다. 그러나 초기 교회의 기록을 살펴보면, 감실이 만들어지기 전에도 성체 안에 현존하시는 그리스도를 보존하기 위해 세심한 주의를 기울여 왔음을 알 수 있다. 이제는 사라진 관습이지만, 감실을 제대 위에 두기도 했다. 감실 위에는 아무것도 놓을 수 없고, 그 안에는 우리 주님을 모신 거룩한 그릇 외에는 아무것도 넣어 둘 수 없다.

모세는 계약 궤를 모셔 둘 '성막tabernaculum'을 세우도록 위임받았다. 구약 성경에서 성막은 하느님께서 머물러 계시는 곳이었다. 성당도 감실에 성체를 모셔 성체 안에 계신 예수님께서 실재 현존하시는 곳이다. 예수님의 현존을 모신 최초의 감실은 성모님이었다. 그래서 성모님을 '새로운 계약 궤'로 부르기도 한다. 엘리사벳과 그 태중에 있던 요한 세례자는 하느님의 현존 안에 있을 때 매우 기뻐했다.

우리는 관계를 맺도록 창조되었다. 그래서 하느님과 관계를 맺고, 가족, 친구, 동료 등 주변 사람들과 관계를 맺는다. 성당에 가서 예수님께서 우리 가운데 계신다는 기쁨을 체험하는가? 하느님과 맺는 관계와 주변 사람과 맺는 관계가 돈독해지려면, 하느님의 현존을 느끼고 이러한 기쁨을 체험해야 한다.

예수님께서 분명히 당신을 위하여, 오로지 당신만을 위하여 감실 안에 계신다는 것을 깨닫고 있습니까? 그분께서는 당신 마음속으로 들어오시려는

열망으로 불타고 계십니다. …… 마귀의 속삭임을 듣지 마십시오. 예수님께 웃음을 보여 드리며, 어떠한 두려움 없이 사랑과 평화의 예수님을 모시러 나아가십시오.

— 아기 예수의 데레사 성녀[33]

성체등

'성체등Sanctuary Lamp'은 그리스도의 몸을 모셔 둔 감실 가까이에 두는 등불이다. 이 등불은 우리가 주님의 현존 안에 있음을 깨닫도록 도와준다. 그리스도께서 감실 안에 모신 성체 안에 현존하실 때는 언제나 이 등불을 밝혀 둔다. 그런데 전례상으로 이 등불을 꺼 두어야 할 때가 있다. 바로 성목요일 주님 만찬 미사가 끝났을 때다. 이렇게 꺼 둔 등불은 파스카 성야의 '빛의 예식'에서 파스카 초를 마련하여 제단에 놓은 뒤에 다시 밝힌다. 이 기간에는 실제로 감실 안에 성체를 모시지 않기 때문이다. 이 등불의 빛깔은 보통 붉은빛이지만, 다른 빛깔을 띨 수도 있다.

구약 성경에서도 주님의 특별한 현존을 알리려고 등불을 사용

한 사실을 찾아볼 수 있다. 탈출기에는 이렇게 쓰여 있다. "너는 이스라엘 자손들에게 명령하여, 등잔에 쓸 기름, 곧 올리브를 찧어서 짠 순수한 기름을 가져다가, 등불이 끊임없이 타오르게 하여라."(탈출 27,20)

초기 교회에서는 촛불을 이 등불로 사용했다. 이는 미사 때 빛의 상징으로 쓰인다는 이유도 있었겠지만, 거룩한 전례를 거행하는 집 안이나 지하 묘지를 밝힌다는 실용적인 이유도 있었던 것으로 보인다.

성체등은 13세기에 처음 도입되었다. 《교회법》 제940조에서는 이렇게 규정한다. "성체가 보존되는 감실 앞에는 그리스도의 현존을 표시하고 현양하는 특별한 등불이 항상 켜 있어야 한다."

성당에서 기도하는 것은 다른 곳에서 기도하는 것과 매우 다르다. 성당의 감실에 모셔 둔 성체 안에 참으로 현존하시는 그리스도께서는 필요한 이들에게 기쁨과 평화를 주시기 때문이다. 성당에 들어가 성체등이 켜져 있는 것을 보면서 우리는 하느님께서 바로 그곳에 계신다는 것을 확신할 수 있다.

성체등을 등불로 유지했을 때에는 해마다 파스카 초에서 불을 댕기며 새 등불로 바꾸었다. 이때 이전 등의 불꽃을 그대로 새 등으로 옮겼다. 이렇게 등불을 관리한 이유는 하느님의 빛은 영원하다는 의미를 나타내기 위한 것이다. 또한 우리가 언제나 밝게 타오르는 등불을 간직하여 예수님께 영광을 드린다는 의미를 나타내기 위한 것이기도 하다.

너희의 빛이 사람들 앞을 비추어, 그들이 너희의 착한 행실을 보고 하늘에 계신 너희 아버지를 찬양하게 하여라.

— 마태 5,16

주례석

'주례석Presider's Chair'은 제단 위에 있는 가장 큰 의자로 미사 때 주례 사제가 사용하는 자리다. 때때로 이 의자에 방석을 놓거나 그 위에 덮개canopy를 씌우지만, 대부분의 경우 단순히 다른 의자들보다 더 크고 넓을 뿐이다.

모든 성당에서 주례석을 찾을 수 있다. 주교좌성당일 경우에는 주례석을 '주교좌cathedra'라고 한다. 주교좌는 주교의 권위를 드러내는 표지다. 초기의 주교들이나 중세의 학자들처럼 권위 있는 사람들은 이러한 자리에 앉아 신자들을 가르쳤다. 베드로의 후계자인 교황이 공식 가르침을 선언할 때도 사도좌에 앉아 선언한다. 이를 '성좌 선언ex cathedra'이라고 한다. 교부들이 '베드로좌'를 '권

위와 일치의 성좌'라고 부른 기록도 볼 수 있다.[34]

주례석에는 보통 주례 사제가 앉는다. 그러나 말씀 전례나 영성체 예식을 주관하는 부제도 예외적으로 주례석에 앉을 수 있기도 하다.

주례석은 제단에 있는 사람 가운데 누가 주례인지 알려 준다. 제단에 주교와 사제들, 그리고 부제들이 있다면, 미사에 참여한 신자들은 주례석에 앉은 이가 누구인지를 보며 주례자가 누구인지 알 수 있는 것이다. 주례자는 하느님을 경배하는 우리 공동체를 이끈다.

요한 사도 아래서 배웠던 안티오키아의 이냐시오 성인은 소아시아를 가로질러 로마로 죽음의 길을 가는 도중에 스미르나 신자들에게 편지를 써 보냈다. 그 편지에서 성인은 "여러분은 사도들을 따르듯이 사제들을 따르십시오."라고 했다. 그리고 "여러분은 하느님의 명령을 존중하듯이 부제들을 존경하십시오."라고 강조했다.[35] 오늘날 우리는 대부분 사제, 부제와 함께 주일 미사를 거행하기 때문에, 이냐시오 성인의 권고는 우리에게 매우 알맞은 말이라고 할 수 있다.

로마 도성에 있는 베드로에게 반석이라 불렸다는 이유로 주교좌가 처음 부여되었습니다. 이 주교좌 안에서 모든 이가 일치를 보전하여야 한다는 사실을 여러분은 부인할 수 없습니다.

— 밀레비스의 옵타토 성인[36]

세례대(세례 샘)

'세례대Baptismal Font' 또는 '세례 샘'은 예수님과 결합하는 세례를 떠올리게 하는 거룩한 그릇으로, 성수를 담아 놓는 용도로 사용된다. '세례Baptism'는 물속에 '잠기는 것'을 의미한다. 그래서 성수를 찍어 성호를 그을 때, 우리가 예수님의 삶과 죽음, 부활 속으로 잠긴다는 것을 깨달아야 한다. 비슷한 역할을 하는 것으로 성당 문 앞에 둔 자그마한 성수대나 성수반이 있다. 그러나 이는 교우들이 성수를 찍어 자신을 축복하는 데에 사용될 뿐 세례를 위하여 사용되지는 않는다.

성체를 받아 모시려면 반드시 세례를 받아야 한다. 처음 몇 백년 동안에, 세례는 흔히 바닷가나 강, 개울과 같이 자연적으로 물이 모이는 곳에서 이루어졌다. 초기의 기록에서 많은 그리스도인이 이러한 장소에서 세례를 받았음을 확인할 수 있다. 또한 고고학자들은 로마의 지하 묘지에서 실내 세례 때 쓰인 샘들을 발굴하기도 했다. 그 당시에는 지하 묘지에서 세례를 받는 것이 일반적이었을 것이다. 서방에서 가장 오래된 세례 샘도 여기에 있다. 지하 묘지에서는 벽화도 발견되는데 이 벽화에는 초기 세례 장면들이 묘사되어 있다. 그림에서 얕은 수반이나 수조에 서서 세례받는 사람을 볼 수 있는데, 물그릇이나 물줄기로 머리 위에서부터 물을 붓는다. 4세기에 성당을 짓게 된 다음에는 따로 분리된 곳인 '세례당Baptistery' 안에 세례 샘을 놓기도 했고,[37] 성당 문 입구에 놓아 세례가 '교회에 들어가는 문'이라는 것을 알려 주었다.

세례는 그리스도인들에게 그저 상징적인 행위가 아니다. 성경에는 세례가 할례를 대체하고 은총을 베푸는 수단이라고 기록되어 있다. 초기 교부들은 물과 성령으로 새로 태어나는 거듭남과 그 구원 능력 그리고 세례의 필요성에 대하여 한목소리로 말했다. 이 구원의 성사가 올바른 자세를 갖춘 모든 사람에게 집전되어야 한다고 말한 것이다.

우리는 주님의 현존 안으로 들어갈 때 스스로 성수를 찍어 성호를 긋는다. 이렇게 성부와 성자와 성령의 이름으로 자신을 축복해야 한다. 그리스도인으로서 이러한 행위를 통해 우리가 받은 세례를 상기할 수 있다. 또한 우리는 파스카 성야와 주일 미사 중 거행되는 세례식에서 새로운 그리스도인들이 하느님의 품 안으로 들어오는 것을 목격한다. 이러한 때 그리스도인들은 하느님께서 사랑하시는 자녀로서 하느님께 자신을 다시 봉헌하며, 세례 서약을 새롭게 할 수 있다.

새로 태어난 아기부터 다 늙어 허리가 굽은 노인에 이르기까지 세례에서 배제되는 사람은 아무도 없습니다. 세례를 통해 죄에서 벗어나지 않는 사람은 아무도 없습니다.

— 히포의 아우구스티노 성인[38]

파스카 초(부활초)

'부활초'라고도 부르는 '파스카 초Paschal Candle'는 부활 시기에 주로 독서대 옆에서 찾아볼 수 있다. 이 커다란 초에 사제는 십자를 긋고, 그 위와 아래에 알파와 오메가(묵시 22,13 참조)라는 글자를 새긴 후 십자 표시 위와 아래 칸에 그 해 연도의 네 숫자를 적어 넣는다. 파스카 초는 파스카 성야 때마다 새롭게 마련하고 그 촛불을 축복한다.

초는 오랫동안 그리스도교 전례에 사용되어 왔다. 예로니모, 암브로시오, 아우구스티노와 같은 성인들이 쓴 서간, 그들이 전하는 관습에서 나온 믿을 만한 증거에 따르면 파스카 초가 생겨난 것은 4세기경이라고 한다. 그리고 10세기부터는 파스카 초를 주님

승천 대축일까지 켜 두었다. 12세기에는 초에 다른 이동 축일들의 날짜와 함께 그 해의 연도를 새기기 시작했다. 이러한 날짜들을 새겨 넣기 위해서 초의 크기가 엄청나게 커졌다. 오늘날 행렬 때 사용하는 파스카 초는 그 당시보다 크기가 훨씬 줄어든 것이다.[39]

파스카 초는 파스카 성야부터 시작하여 부활 시기 내내 밝혀 두고, 세례나 장례와 같이 특별한 예식 때도 켜 놓는다. 파스카 초는 그리스도의 빛을 상징한다. 또한 하느님께서 이스라엘 백성이 광야에 머무는 동안 낮에는 구름 기둥으로, 밤에는 불기둥으로 당신의 권능을 드러내 보이신 일을 일깨워 준다. 그리고 "어둠 속을 걷던 백성이 큰 빛을 봅니다."(이사 9,1)라고 말한 이사야 예언자의 예언을 상기시켜 준다.

예수님께서 그 빛이시고, 그분의 빛은 어떠한 어둠보다 더 강하다. 그리스도의 빛은 매우 실제적이고도 상징적인 방식으로 세례를 받은 모든 이를 비추어 준다. 세례식 때 대부모는 자신의 대자녀에게 초를 주고 파스카 초에서 직접 불을 댕겨 그 촛불을 밝혀 준다. 장례 때는 고인이 세례를 받아 예수 그리스도의 죽음과 부활로 들어갔다는 것을 상징하기 위하여 관 가까이에 파스카 초를 밝혀 두기도 한다.

주님께서는 그들이 밤낮으로 행진할 수 있도록 그들 앞에 서서 가시며, 낮에는 구름 기둥 속에서 길을 인도하시고, 밤에는 불기둥 속에서 그들을 비추어 주셨다. 낮에는 구름 기둥이, 밤에는 불기둥이 백성 앞을 떠나지 않았다.

— 탈출 13,21-22

행렬 십자가와 초

'행렬 십자가Processional Cross'는 보통 긴 막대 위에 십자고상을 고정시켜 놓은 것이다. 복사들과 미사 집전자들이 성당의 회중석을 지나 제단으로 나아가는 입당 행렬 때 이 십자가를 든 복사 바로 뒤에 초를 든 복사들이 따른다.

행렬은 아주 초기부터 이어져 온 그리스도교 전통 중 하나다. 구약 성경에는 계약 궤를 모시고 행렬을 지어 예리코를 점령했다는 기록이 있다. 행렬은 예수님 시대에도 일반적이었다. 예수님께서도 예루살렘에 입성할 때 행렬을 지어 들어가셨다. 예수님 시대 이후에도 그리스도인들은 장례를 치를 때 행렬을 지었다.

행렬 십자가는 퇴장 행렬 때에도 들고 간다.[40] 행렬 때 언제나

주님의 몸이 앞으로 향하도록 들고 가지만, 교황 십자가는 예외적으로 주님의 몸이 교황을 향하도록 든다.

  행렬 십자가와 초는 우리가 예수님의 수난과 부활을 통하여 천국 본향으로 나아가는 여정에 있음을 깨닫도록 도와준다. 전투에서 지도자가 군대를 지휘하며 자신이 누구인지를 밝히듯이, 이러한 성물을 들고 행렬을 지어 나아가는 사제와 복사들도 우리가 그리스도인임을 밝힌다. 그리스도와 그분의 빛이 미사의 거룩한 권능을 향해 우리를 이끈다는 것, 그리고 미사가 끝난 뒤에는 세상으로 나가 어둠 속에 사는 이들에게 하느님의 권능을 가져다주라고 선언하는 것이다.

너희는 허리에 띠를 매고 등불을 켜 놓고 있어라.

― 루카 12,35

물그릇과 물병

'물그릇Lavabo Bowl'과 '물병Pitcher'은 미사 때 주례 사제가 예물 준비를 마치고 나서 손을 씻을 때 사용하는 것이다. 이 물그릇은 "나 씻으오리다."를 뜻하는 라틴어 '라바보lavabo'라는 이름으로 불리며, 주례 사제가 손을 씻을 때 물병에서 물을 부어 이 물그릇으로 받는다. 때에 따라 물병 대신에 물이 든 주수병을 사용하기도 하고, 손을 닦는 수건만 사용하기도 한다.

손을 씻는 일은 가톨릭 교회의 모든 예식에서 이루어지지만, 예식에 따라 다르게 행해진다. 예루살렘의 치릴로 성인에 따르면 손을 씻는 관습은 4세기부터 있었다고 한다. 중세 때는 미사 중에 두 번 손을 씻었는데, 부제가 제대 위에 성체포를 덮을 때와 예물 준

비를 마친 다음에 손을 씻었다. 오늘날 로마 예식에서는 주례 사제가 예물 준비를 마친 다음 한 번만 손을 씻는다.

육체적이든 영적이든 우리의 삶에는 반드시 물이 있어야 한다. 물이 있어야 몸을 씻을 수 있기 때문이다. 그렇지만 사제는 손을 씻으면서 비누와 같은 용품을 사용하지 않는다. 성체를 만지기 전에 사제가 손을 씻는 것은 주님 앞에서 영적으로 정화되어야 함을 드러낸다. 이는 사제가 손을 씻으며 속으로 바치는 기도에서 잘 드러난다. "주님, 제 허물을 말끔히 씻어 주시고, 제 잘못을 깨끗이 없애 주소서."

향로와 향 그릇

'향로Thurible'와 '향 그릇Incense Boat'은 미사 중에 분향을 할 때 쓰인다. 작은 배처럼 생긴 향 그릇에는 향을 담아 놓는다. 주례 사제는 여기에 담긴 향을 향로에 넣는다. 향로는 여러 개의 쇠줄이 달린 그릇으로, 그 안에는 불붙은 숯이 담겨 있어서 향을 조금만 떨어뜨려도 연기가 피어오른다.

분향하는 관습은 그리스도교에서 시작된 것이 아니다. 2,000년보다 훨씬 더 오래전부터 그러한 관습이 있었다. 구약 성경과 신약 성경을 통틀어 분향이라는 말은 170번이나 나타난다. 분향하는 목적은 여러 가지였다. 주로 흠숭과 공경을 바치거나 정화를 하기 위해서 분향하곤 했다. 고대의 향로는 향 연기가 피어오를

수 있도록 구멍이 여러 개 뚫린 뚜껑을 가진 그릇 모양이었다. 그리스도교를 공인한 로마의 콘스탄티누스 대제는 온갖 값진 보석으로 장식한 황금 향로를 많이 만들어 라테라노 대성전에 기증했다고 한다.[41]

미사 때 피어오르는 향 연기는 우리의 기도가 올라가 하늘에 있는 천사들과 성인들의 기도와 결합된다는 사실을 일깨워 준다(묵시 8,3 참조). 한 사람 한 사람의 존엄을 인정하시는 하느님께서는 사제들이 분향하는 성물의 거룩함도 인정하신다. 이에 우리는 분향 전후에 깊은 절로 경의를 표하며 기도한다.

주님께서 모세에게 말씀하셨다. "너는 향료들, 곧 소합향과 나감향과 풍자향을 장만하여, 이 향료들과 순수한 유향을 섞는데, 각각 같은 분량으로 하여라. 너는 향 제조사가 하듯이, 이것들을 잘 섞고 소금을 쳐서 깨끗하고 거룩한 것을 만들어라. 너는 그 가운데 일부를 가루로 빻아서, 내가 너를 만나 줄 만남의 천막 안 증언 궤 앞에 놓아라. 이는 너희에게 가장 거룩한 것이다."

— 탈출 30,34-36

성수 그릇과 성수채

'성수 그릇Aspersorium'은 성수를 담아 놓은 물통이고, '성수채Aspergillum'는 그 성수를 빨아들여 뿌리는 채다. 성수채 안에는 성수를 빨아들일 수 있도록 솜 같은 것이 들어 있다. 그리고 끝부분에는 성수가 빠져나갈 수 있도록 작은 구멍이 여러 개 뚫려 있다. 어떤 성수채는 붓과 같은 모양으로 생겨, 그 털 사이에 머금은 성수를 사람이나 대상에게 쉽게 뿌릴 수 있도록 되어 있기도 하다.

물이나 피 같은 액체를 뿌리는 것은 구약 성경에도 나타난다. 모세가 십계명을 가져왔을 때 계약을 맺는 전통에 따라 그는 우슬초 한 묶음을 제물로 바친 소의 피에 담갔다가 그 피를 백성들에게 뿌렸다(탈출 24,5-8 참조). 그리고 성전에서는 성별된 동물의 피

를 나병 환자들에게 뿌렸고 그들이 치유되기도 했다. 이처럼 제물의 피를 백성들이나 제단에 뿌리는 것은 하느님께 '예물'을 바치는 예식에서 중요한 부분이었다. 이와 마찬가지로 성수를 사람들에게 뿌리는 것은 그들의 세례를 일깨워 주고, 그들을 악에서 보호하고 축복하는 것이다. 세례식에서 마귀를 끊어 버리기로 약속한 다음 우리 머리 위에 성수를 부었던 것을 다시 기억하도록 해 주는 것이다.

성수는 특별히 종교적으로 사용하기 위해 사제가 교회의 이름으로 축성한 물이다. 그 용도에 따라 약간의 소금을 섞어 사제가 축복한 보통의 성수와 세례식에 사용되는 세례수로 나뉘는데, 세례수도 일반적인 성수로 사용할 수 있다. 특별히 파스카 성야 때 축성한 성수는 귀하게 여겨진다.

물은 구약 시대 때부터 환대의 표시로

쓰였다. 그 당시에는 손님이 어떤 집에 들어가면, 그 집의 주인이나 종이 손님들의 발을 씻어 주었다. 한편 소금은 지혜를 상징하고 부패를 막아 주는 역할을 한다. 그래서 이를 물에 섞고 축복하면 죄와 유혹을 씻어 내는 데 적절한 도움을 준다.[42] 이렇게 마련된 성수를 뿌리는 것은 우리를 악에서 보호해 주는 준성사다.

제의실과 제기실, 세정대

'제의실Vesting Sacristy'은 미사를 준비하기 위하여 성당 안에 따로 마련된 방이다. 여기에는 제의와 전례복을 보관해 둔다. 사제와 부제, 복사들은 이 방에서 전례복으로 갈아입는다. '제기실Working Sacristy'은 거룩한 그릇들을 보관하는 방이며, 거기에는 '세정대Sacrarium'라고 하는 특별한 개수대가 있다.

제의실은 보통 성당을 건축할 때부터 마련해 둔다. 중세 시대로 거슬러 올라가면 이 방을 라틴어로 수조나 물그릇을 가리키는 '피시나piscina'라고 불렀다. 제기실은 보통 제의실 가까이에 있다. 거기에 있는 세정대에서는 거룩한 그릇들을 씻거나 아마포를 세탁하는 일을 할 수 있다. 성체포나 성작 수건 같은 아마포는 얼마쯤

물속에 담가 둔다. 성체 부스러기나 성혈의 흔적이 남아 있을 수도 있기 때문이다. 그런 다음에 그 물을 세정대에 흘려보낸다. 세정대의 배수관은 결코 일반 하수도로 이어져서는 안 된다. 그 배수관은 직접 거룩한 땅으로 물을 내보내야 하며, 이를 두고 "성체와 성혈을 묻는다."라고 한다. 주님의 몸과 피의 흔적이 남아 있을지도 모르는 거룩한 그릇들과 아마포는 씻을 때 조심스럽게 다루어야 한다. 하나의 제의실에서 두 가지 일을 모두 할 수 있도록 되어 있는 성당도 있다.

성찬의 형상들에서 어떠한 부분도 잃어버리지 않도록 최대한 주의를 기울이십시오. 저는 묻습니다. 누가 그대에게 황금 가루들을 주었다면, 그대는 그 알갱이 하나라도 잃어버리지 않으려고 또 그렇게 하여 잃어버렸다는 고통을 겪지 않으려고, 그대는 극도로 세심하게 주의를 기울이고 몹시 애를 태우면서 그 황금 가루를 지키지 않겠습니까?

— 예루살렘의 치릴로 성인[43]

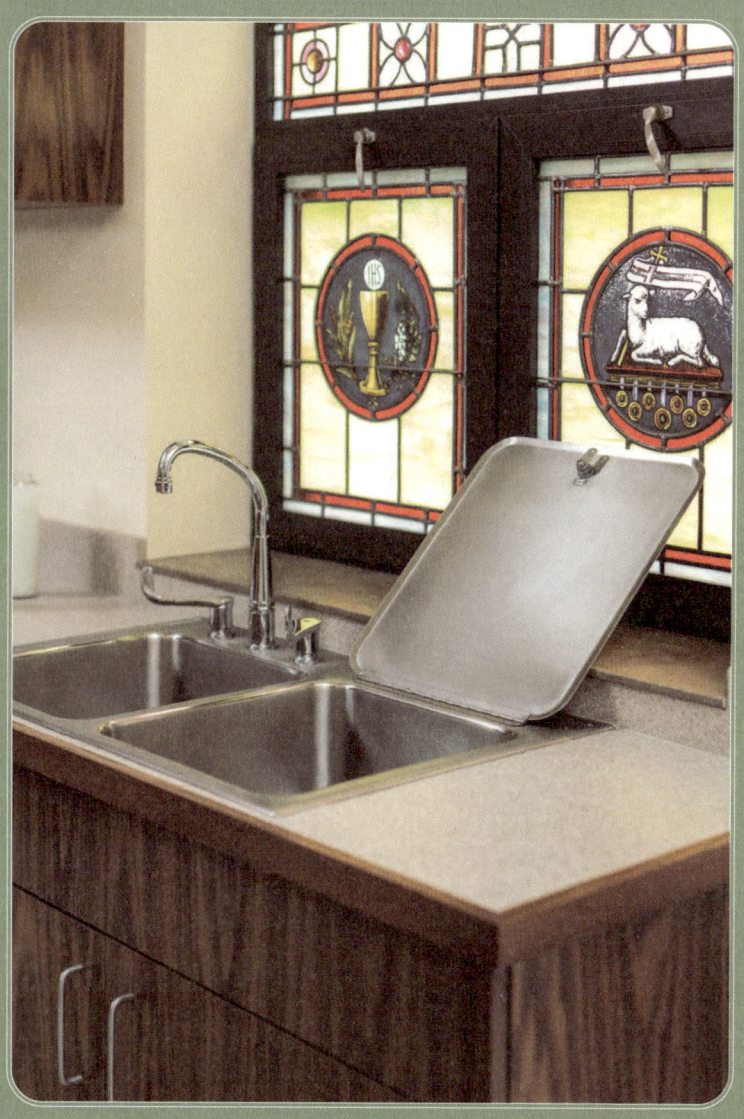

제2장

전례복

◇◇◇

사제와 부제, 전례 봉사자들은 전례를 거행하는 동안 자신이 수행하는 임무를 나타내는 특별한 옷을 입는다. 이 장에서는 이러한 옷들 중 특별히 사제와 부제가 입는 옷에 초점을 맞춰 살펴볼 것이다.

이미 전례복에 대해 어느 정도 알고 있다 하더라도, 이 장을 다 읽고 나면 더 많은 사실을 알게 될 것이다. 그리고 미사 때나 다른 거룩한 예식을 거행할 때 사제와 부제들이 어떠한 옷을 입고 있는지 관심을 갖고 보게 될 것이다.

개두포

'개두포Amice'는 앞치마처럼 생긴 흰 천이다. 본디 외투나 겉옷을 가리키는 라틴어 '아믹투스amictus'에서 온 말이지만, 지금은 사제의 목과 어깨를 감싸는 목도리를 뜻한다. 개두포는 옛날에는 머릿수건처럼 쓰였는데, 개두포라는 말 그대로 사제의 머리를 덮기도 했고, 제의를 입을 때는 목을 감싸기도 했다. 이는 사제의 옷을 가려 줄 뿐만 아니라 외풍이 심한 성당 건물에서 몸을 따뜻하게 해 주기도 한다. 그리고 사제를 악마에게서 보호해 준다. 중세 때부터 르네상스에 이르기까지, 개두포에 자수를 놓아 치장하기도 했는데, 이는 오늘날까지 이어지고 있다. 개두포는 장백의 안에 입어 사제의 옷을 가려 주는 의복이므로 선택적으로 입을 수 있다.

이 옷은 그리스도의 보호로 몸을 감싼다는 의미를 지니고 있다. 사제가 개두포를 두를 때 바치는 기도에서는 개두포를 '구원의 투구'라고 부른다.

"주님, 제 머리에 구원의 투구를 씌우시어 마귀의 공격을 막아 내게 하소서."[44]

악마의 간계에 맞설 수 있도록 하느님의 무기로 완전히 무장하십시오.

— 에페 6,11

장백의와 띠

'희다'라는 뜻을 지닌 라틴어 '알부스albus'에서 유래한 '장백의Alb'는 흰 아마포로 만든 긴 옷을 뜻한다. 이는 사제가 전례 임무를 수행하기 위하여 통상적인 성직자복을 가리기 위해 입는 옷이다. 전통적인 장백의는 목선이 매우 낮아서, 사제가 그 안에 개두포를 입어야 할 때도 있다. 장백의를 입을 때 두르는 '띠Cincture'는 아마 실이나 양털을 꼬아 만든 허리끈 같은 줄이며 장백의와 영대를 고정하는 데에 사용한다.

장백의는 탈출기 28장과 레위기 8장에 나오는 사제들의 옷과 거의 비슷하다. 이는 또한 로마 제국 시대에 그리스인들과 로마인들이 입었던 튜닉과 그 모양이나 쓰임새가 비슷하다. 장백의는 오늘날 흰 아마포로 만들지만, 예전에는 비단으로 만들어 금실로 장식하거나 푸른색, 붉은색, 검은색 등 다양한 색깔로 만들기도 했다.

띠는 19세기부터 전례복의 한 부분이 되었다. 예전에는 비단이나 금을 입힌 천과 같이 여러 가지 색을 내는 다양한 재료로 만들었으며, 그 크기도 전례에서 사용하는 허리띠('조나zona'라고 부름)처럼 넓은 경우도 있었다. 그러나 요즘에는 대부분 흰색 띠를 사용한다. 그렇다고 예식 규정에서 다른 색으로 된 띠를 사용하지 못하게 하는 것은 아니다.[45]

장백의는 사제에게 세례와 함께 그리스도인으로서의 존엄을 일깨워 준다. 띠는 사제의 정결을 상징하며, 이 두 가지는 사용하기 전에 축복한다. 사제는 장백의를 입으며 다음과 같은 기도를 바친다.

"주님, 저를 깨끗이 씻으소서. 제 마음을 어린양의 피로 깨끗이 씻으시어 저에게 영원한 기쁨을 주소서."

그리고 띠를 두를 때에는 다음과 같은 기도를 바친다.

"주님, 저를 순결의 띠로 묶어 주소서. 제 허리에서 비천한 욕정을 없애시어 제 안에 절제와 정결의 덕을 쌓게 하소서."[46]

영대

'영대Stole'는 사제의 전례복에서 매우 중요하다. 영대는 교회 안에서 영대를 멘 이가 받은 성품의 위치를 가리킨다. 사제와 부제는 영대를 메는 위치가 다른데, 사제는 마치 멍에를 멘 것처럼 영대를 목에 걸고 가슴 앞에 드리운다. 이에 반해 부제는 영대를 왼쪽 어깨에 걸고 비스듬히 가슴을 거쳐 오른쪽 옆구리에 오게 멘다. 영대 위에 제의를 입는다면, 그 둘의 색깔은 전례 시기의 색을 반영하여 통일해야 한다.

   영대가 서방에서 처음으로 언급된 것은 6세기 무렵이다. 그러나 이를 최초로 사용한 시기는 8세기 무렵이며, 9세기에 와서는 일반적으로 사용되었다. 영대를 사용한 초기부터 영대를 사용한

방식은 오늘날과 거의 차이가 없었다. 그러나 영대의 디자인은 과거 1,000년 동안 여러 차례 바뀌었다. 예를 들어 11~12세기에는 영대가 훨씬 더 길고 좁았다.

사제는 일반적으로 영대를 메기 전에 자수로 새겨 놓은 십자가에 입을 맞춘다. 사제가 영대를 메며 바치는 기도는 다음과 같다.

"주님, 주님께 봉사하기에 합당치 않사오나 원조의 타락으로 잃어버린 불사불멸의 영대를 제게 도로 주시어 주님의 영원한 즐거움을 얻게 하소서."[47]

나는 마음이 온유하고 겸손하니 내 멍에를 메고 나에게 배워라. 그러면 너희가 안식을 얻을 것이다. 정녕 내 멍에는 편하고 내 짐은 가볍다.

— 마태 11,29-30

제의

'제의Chasuble'라는 말은 '작은 집'을 뜻하는 라틴어 '카술라casula'에서 유래했다. 이는 제의가 사제의 다른 모든 옷을 다 덮는 형태이기 때문이다. 제의는 소매가 없으며, 빵과 포도주의 축성이 이루어지는 미사 때만 입는다. 대체로 제의는 흰색, 빨간색, 초록색, 보라색 네 가지 색깔로 되어 있는데, 이는 전례에서 사용하는 색들이다. 제의 중에는 판초poncho와 같이 생긴 고딕식 제의, 앞뒤가 서로 분리된 로마식 제의도 있다.

최초의 제의는 로마 제국에서 흔히 입던 세속 옷이 변형된 형태였다. 이 제의는 사제의 발까지 완전히 늘어졌으며, 양쪽을 이어 붙여 팔 전체를 다 덮었다. 그러나 이 디자인은 매우 무겁고 길어서, 12세기에는 사제가 팔을 더 편하게 움직일 수 있도록 양쪽의 옷감을 잘라냈다. 이렇게 바꾸기 전까지는 부제나 차부제가 주례 사제의 팔에 미치는 제의의 무게를 줄이려고 주례 사제가 팔을 올리는 동작을 할 때마다 제의 자락을 팔 위로 걷어 올려야 했다. 한편 4세기까지는 미사 때 흰색 제의만 입었다. 그러다가 제의 앞쪽의 수직 솔기에 자수를 놓은 띠를 덧붙이고, 제의의 목 부분에 가로로 자수 띠를 덧붙여 오늘날의 제의 디자인이 되었다.

제의는 예수님의 멍에를 상징할 뿐만 아니라 제의를 입은 사제를 덮어 보호해 주는 사랑을 상징한다. 옛날에는 사제 서품식에서 주교가 새 사제에게 제의를 주며 이렇게 말했다.

"사랑을 상징하는 사제 제의를 받으십시오."

사제는 제의를 입으며 다음과 같은 기도를 바친다.

"주님, 주님께서는 '내 멍에는 편하고 내 짐은 가볍다.'고 하셨으니 제가 주님의 은총을 입어 이 짐을 잘 지고 가게 하소서. 아멘."[48]

플루비알레

'플루비알레Pluviale'는 망토와 같은 외투를 가리키는 라틴어를 그대로 쓰는 말로 '카파cappa'라고도 불린다. 이는 앞에 있는 걸쇠를 채워 여미는 망토와 비슷한 긴 옷을 말하는데 보통은 행렬을 하거나 성찬 전례를 거행하지 않는 전례에서 제의 대신에 입는다. 예컨대 미사를 드리지 않고 진행되는 장례, 혼인, 세례 예식, 성체강복이나 성체 현시 그리고 성무일도(시간 전례)를 바칠 때 플루비알레를 입은 사제와 부제를 볼 수 있다.

플루비알레는 전례에 도입된 뒤 두건의 모양이나 크기가 변한 것 말고는 디자인이 거의 바뀌지 않았다. 플루비알레를 전례용으로 처음 입기 시작한 것은 6세기 무렵이다. 플루비알레를 망토와 매우 비슷하게 일상복으로 입고 있다가 이를 전례 거행 때도 입게 된 것이다. 이후 12세기 무렵에는 이 옷이 교회에서 의전용으로 입는 통상복이 되었다.

값진 천으로 만들어 걸쇠 부분에 보석을 박고 아름다운 자수로 치장하기도 했던 플루비알레는 지금도 전례 집전자의 품위를 드높여 주는 중요한 전례복이다.

어깨보

'어깨보Humeral Veil'는 어깨와 위팔을 가리키는 라틴어 '우메루스 humerus'에서 나온 이름이다. 이는 이름 그대로 어깨에 두르는 천을 의미한다. 즉, 성체 현시와 성체 강복 때 플루비알레를 입은 사제나 부제의 어깨 위에 두르는 직사각형 모양의 천을 말하는 것이다. 대부분 흰색으로 되어 있으며, 걸쇠나 끈으로 여미어 집전자의 몸에 고정하는 형태로 되어 있다. 어깨보의 양쪽 끝부분에는 사제나 부제가 손을 넣을 수 있도록 작은 주머니를 만들기도 한다. 성인의 유해와 같은 귀중한 성물을 옮길 때도 그 성물을 공경한다는 뜻으로 어깨보를 사용할 수 있다.

8세기 로마 예식서에는 대미사에서 '신돈sindon'이라 불리는 어

깨보를 사용했다는 언급이 나온다. 그러나 로마 밖에서는 어깨보를 거의 사용하지 않은 것으로 보인다. 로마가 아닌 곳에서 어깨보를 사용했다는 기록은 한참 뒤에 나온다. 16세기 이탈리아 북부에서 살았던 가롤로 보로메오 성인이 어깨보를 밀라노로 가져가 성체 행렬을 할 때 사용했으며, 병자에게 노자 성체를 모시고 갈 때도 사용했다고 한다. 그리고 프랑스와 독일에서는 19세기에 들어서야 어깨보를 쓰기 시작했다고 한다.

성체 강복 때, 사제나 부제가 어깨보를 두른 손으로 성체에 현존하시는 예수님을 높이 들어 강복하면, 신자들은 그 집전자가 아니라 바로 예수님께서 자신에게 복을 내려 주신다고 여기게 된다. 어깨보는 성광을 들고 있는 집전자를 가리고 보이지 않게 하여 신자들이 자신 앞에 계신 주님께만 온전히 집중할 수 있게 해 주는 것이다.

부제의 영대와 달마티카

장백의와 띠 등 부제의 전례복은 사제의 전례복과 매우 비슷하게 보인다. 그러나 영대를 목에 걸치도록 메는 사제와 달리 부제는 영대를 왼쪽 어깨에 걸고 비스듬히 가슴을 거쳐 오른쪽 옆구리에 오도록 멘다. 그리고 제의 대신에 달마티카를 입는다. 달마티카는 양쪽이 터져 있지만 소매가 있다. 사제의 영대와 제의 색이 같아야 하듯이, 부제가 걸친 영대의 색은 달마티카의 색과 일치해야 한다.

'달마티카Dalmatica'는 달마티아 사람들이 입는 옷이라는 뜻이며, 달마는 현지어로 '양羊'을 가리키는 말이라고 한다. 원래 이 옷은 일찍이 2세기쯤 로마에 들어와 주로 상류층이 즐겨 입던 세속 의복이었다.

그러다가 4세기에 실베스테르 1세 성인 교황이 교회 전례복 가운데 하나로 받아들여, 로마에서 교황과 부제들이 입었다. 교황은 먼저 달마티카를 입고 그 위에 제의를 입었지만, 부제들은 달마티카를 겉옷으로 입었다. 9~10세기에는 성당에서 집전자가 전례를 거행할 때 달마티카를 입을 수 있었다. 달마티카는 처음에 매우 길고 소매도 넓은 옷이었으나, 시간이 흐르면서 그 길이와 소매가 줄어들었다. 그리고 10세기까지는 흰색 달마티카만 입었다. 부제의 복장으로 영대가 언급되기 시작한 때는 동방 교회에서는 4세기, 로마 교회에서는 8세기 무렵이다.[49]

달마티카의 형태에는 상징적인 의미가 있다. 달마티카를 처음으로 언급한 9세기의 기록에는 이렇게 적혀 있다.

"라바누스 마우루스(라바노 마우로)는 옷에 새겨진 십자가의 형태와 빨간색 줄무늬에 대해 이야기하며, 그 옷이 그리스도의 수난을 상징한다고 말했다. 이는 제대 봉사자들에게 하느님 마음에 드는 희생 제물로 자기 자신을 바치라고 권하는 것이라고 말했다. 또한 아말라리우스는 흰 색깔에서 순결한 영혼의 상징을, 빨간 줄무늬에서 이웃 사랑의 상징을 보았다."[50]

달마티카에는 사다리처럼 서로 나란히 이어지는 두 개의 줄무

늬가 들어갈 수 있는데, 이 디자인은 258년에 순교한 초기 로마 교회의 부제 라우렌시오 성인의 상본에서도 볼 수 있다.

제3장

— 그 외 전례와 연관된 것 —

◇◇◇

성당 내부에는 고해소, 스테인드글라스, 성상, 십자가의 길을 비롯해 아름다운 공간과 성물이 많다. 우리는 이러한 것들을 보며 그 아름다움에 감동을 받는다. 그리고 이 감동이 온몸으로 전해지면서 하느님에 대한 믿음이 깊어진다. 이렇게 성당에서 마주하는 것들을 통해 하느님의 자비와 사랑을 보고 듣고, 그분의 향기를 맡으며, 그분께 소리 높여 찬양할 수 있는 것이다.

이번 장에서는 성당 안에서 전례를 더 풍요롭게 하는 것들을 살펴볼 것이다. 이 장을 읽은 후, 성당에 가서 가톨릭 신앙의 아름다움을 느껴 보자.

스테인드글라스

'스테인드글라스Stained Glass'라고 불리는 색유리 창문은 교회가 거룩한 백성들에게 가톨릭 신앙의 여러 부분들과 큰 의미를 지닌 교회의 상징들을 보여 주는 방법 중 하나다. 이 스테인드글라스는 또한 기도하는 데에 적합한 성당의 분위기를 만들어 준다. 12세기 무렵에 조그맣게 시작된 스테인드글라스는 시간이 지나면서 더욱 아름답게 꾸며졌으며, 그 규모 또한 커졌다.

스테인드글라스는 우리가 알아야 할 사

건과 상징들을 담고 있다. 그래서 스테인드글라스를 보는 이들에게 신앙을 가르치는 역할도 한다. 과거에는 글을 모르는 신자들이 많았는데 스테인드글라스는 이런 신자들에게 교리 교재와 같은 역할을 한 것이다. 하느님에 관한 이야기와 교회에 대한 이야기 그리고 성인들의 모습을 그려 놓은 아름다운 스테인드글라스는 하느님을 더 많이 알고, 더 깊이 믿을 수 있도록 도와준다.

또한 낮에 스테인드글라스를 통해 들어오는 아름다운 빛은 성당을 아름답게 밝혀 주기도 한다. 그래서 성당에 들어오는 사람들은 그 아름다운 빛을 보고 하느님을 더욱 경외하는 마음을 품게 된다. 스테인드글라스를 통해 들어오는 빛은 성당 안에서 이루어지는 전례를 더욱 신비스럽게 해 주고, 창문에 그려진 하나하나의 장면 속으로 우리를 인도해 주어 우리가 하느님의 빛 속에 있음을 한층 더 깊이 깨닫게 해 준다. 하느님께서는 우리에게 사물을 볼 수 있는 물리적인 빛과 믿음의 눈으로 볼 수 있는 영적인 빛을 주셨다. 그래서 해가 떠오르는 아침 미사 때 창문을 통해 햇빛이 비치기 시작하면, 우리는 그 스테인드글라스가 살아 움직이는 것을 볼 수 있다.

일어나 비추어라. 너의 빛이 왔다. 주님의 영광이 네 위에 떠올랐다. 자 보라, 어둠이 땅을 덮고 암흑이 겨레들을 덮으리라. 그러나 네 위에는 주님께서 떠오르시고, 그분의 영광이 네 위에 나타나리라. 민족들이 너의 빛을 향하여, 임금들이 떠오르는 너의 광명을 향하여 오리라.

— 이사 60,1-3

성미술 작품과 이콘

'성미술 작품Sacred Artwork'과 '이콘Icon', 곧 '성화상'은 하느님의 거룩하심을 다시금 일깨워 준다. 이 작품들은 우리에게 이야기를 전해 주며 우리가 가톨릭 신앙을 배우는 데 도움을 준다.

그리스도인 공동체는 지하 묘지에서부터 성미술 작품을 만들었다. 그러다가 그리스도교가 신앙의 자유를 얻은 뒤로는 새로 짓거나 개조한 성당을 성미술 작품으로 꾸미기 시작했다. 성당 주변이나 내부의 벽, 천장에 있는 성미술 작품들에는 특별히 재료를 제한하지 않았다. 그래서 수많은 사람이 이러한 작품들을 금속부터 나무까지 다양한 재료로 만들었다. 이콘은 그 자체가 기도문인 성화로 성미술의 특별한 형식 가운데 하나다. 이 이콘은 보통 천

연물감으로 그렸다.

그런데 8세기에 '성화상 파괴주의Iconoclasm'라고 알려진 이단이 생겨났다. 그들은 어떤 모상이든 예배 목적에 이용하는 것을 반대했다. 불행하게도 그들은 그 당시 수많은 성당의 성화상을 모두 부수고 파괴했다. 일곱 번째 세계 공의회였던 제2차 니케아 공의회에서는 성화상 공경이 적절하고 유익하다고 결정했으나, 그 뒤 9세기 비잔티움 제국의 레오 5세와 테오필루스 황제의 치하에서 성화상에 관해 논란이 두 번 더 일어났다. 이는 이후 로마 교회와 동방 교회가 분열되는 중요한 요인 가운데 하나가 되었다.[51]

"교회는 지상 전례에서 천상 전례를 미리 맛본다. 그리고 순례자로서, 천상 전례가 이루어지는 거룩한 도성 예루살렘을 향하여 나아간다. 그곳에는 그리스도께서 하느님의 오른쪽에 앉아 계신다. 그리고 교회는 성인들을 기억하고 공경하면서 그들과 결합되어 함께 살기를 희망한다.

이렇게 매우 오래된 교회의 전통에 따라, 거룩한 건물 안에는 신자들이 공경하도록 주님, 복되신 동정 마리아, 성인들의 성화상을 모셔 놓는다. 성화상들은 그곳에서 거행되는 신앙의 신비로 신자들을 이끌어 주도록 배치되어야 한다."[52]

우리가 살고 있는 이 세상이 절망에 빠지지 않으려면 아름다움이 필요합니다. 아름다움은 진리와 마찬가지로 인간의 마음에 기쁨을 가져다줍니다.

— 바오로 6세 성인 교황[53]

성상

'성상Statue'은 하느님의 성령과 은총으로 거룩해진 사람과 천사의 모습을 직접 볼 수 있도록 해 준다. 성당에서 볼 수 있는 성상에는 예수님, 성모 마리아, 성인들, 천사들이 있다.

"그리스도교가 공인받고 박해에 대한 두려움이 사라지자 교회에서는 성상을 만들기 시작했다. 지하 동굴에 그림을 그렸던 사람들이 이제는 똑같은 주제로 성상을 만들게 된 것이다. 라테라노 박물관에

있는 유명한 착한 목자 상은 일찍이 3세기 초에 만들어졌으며 히폴리토 성인의 상, 베드로 사도의 상은 3세기 말에 만들어졌다. …… 초기 교회가 성화와 성상에 대해 어떤 편견을 가지고 있었다는 것은 잘못된 진술이다. 그리스도교를 공인한 콘스탄티누스 대제 이후 교회는 자연스럽게 모든 면에서 엄청난 발전을 했다. 그리스도인들은 지하 묘지를 파고 들어가는 대신 눈부시게 화려한 대성전들을 건축하기 시작했다. 그들은 하느님께 더 좋은 것을 드리고 싶은 마음에서 값진 모자이크와 조각, 성상들로 대성전을 장식했다."[54]

특히 천사나 성인에 대한 신심을 지니고 있던 사람들이 성상에 이끌렸다. 419년 아우구스티노 성인은 그리스도인들이 세상을 떠나도 교회와 분리되지 않는다고 공표했다. 경건했던 삶을 살았던 이들은 이 세상을 떠났지만 교회와 일치하여 그 어느 때보다 생생하게 우리 곁에 살아 있다. 그래서 우리는 우리 곁에 살아 있는 이들에게 전구를 청할 수 있다. 그들은 이제 우리 기도를 하느님의 제대에 가져다 바쳐 줄 것이다.

그리스도인들이 순교자들을 기억하며 경건한 영예를 드리는 것은 올바른 일입니다. 순교자들은 우리에게 자신을 본받으라고 또 자신의 공로를 나누어 받고 자기 기도의 도움을 받으라고 일깨워 줍니다.

― 히포의 아우구스티노 성인[55]

기도 초

'기도 초Prayer Candle'는 성상 가까이에 두는 작은 봉헌초다. 이러한 초들은 완전히 다 타서 꺼질 때까지 계속 켜 둔다.

초는 그리스도인의 기도와 전례에서 항상 중요한 역할을 해 왔다. 지하 묘지나 성당 내부를 밝히는 기능적인 역할뿐만 아니라 예수님 안에서 찾은 기쁨을 상징하는 역할까지 해 온 것이다.[56]

4세기 이전에는 지하 묘지 안을 촛불로 밝히곤 했다. 그러다가 콘스탄티누스 대제가 그리스도교를 공인한 뒤에는 초를 성당 제대 주위에 켜 놓곤 했다. 그러다 보니 어떤 성인에게 공경을 드리거나 간청을 할 때 끊임없이 초를 켜 놓는 것이 교회 안에서 일반적인 관습이 되었다. 여러 기록들은 다음과 같은 중세의 관습을

보여 주고 있다.

"그리스도인들은 좋아하는 순례지에 초를 봉헌하기도 했고, 성인에게 은총을 간청하며 성인의 지위에 걸맞도록 수많은 초를 봉헌하곤 했다. …… 이러한 관습은 라데군다 성녀(587년 선종) 때부터 중세 시대 내내 지속되었다."[57]

기도 초는 주로 감사나 청원 기도에 사용되었다. 초가 완전히 다 탈 때까지 계속 켜 놓는 이유는 촛불이 우리의 기도와 희생을 상징하기 때문이다. 그리고 성상 가까이에 그 초를 두는 행위는 초를 바친 사람의 기도가 그 성인의 전구로 하느님께 봉헌됨을 상징한다. 이를 통해 우리는 그 성인이 우리의 기도를 하느님의 제대에 가져다 바치리라고 믿는다.

그 어린양이 나오시어, 어좌에 앉아 계신 분의 오른손에서 두루마리를 받으셨습니다. 어린양이 두루마리를 받으시자, 네 생물과 스물네 원로가 그 앞에 엎드렸습니다. 그들은 저마다 수금과, 또 향이 가득 담긴 금 대접을 가지고 있었습니다. 향이 가득 담긴 금 대접들은 성도들의 기도입니다.

— 묵시 5,7-8

세 가지 성유

'성유Holy Oil'에는 세 가지 종류가 있다. 첫 번째는 '축성 성유Oleum Sacrum, Sanctum Chrisma'이고 두 번째는 '예비 신자 성유Oleum Cathechumenorum'이며 세 번째는 '병자 성유Oleum Infirmorum'다. 세 가지 성유 가운데 가장 중요한 것은 세례성사, 견진성사, 성품성사에 사용되며, 성당을 축성하는 데에도 쓰이는 축성 성유다.

축성 성유는 하느님을 위하여 따로 성별하고자 할 때, 즉 사람이나 물건을 축성할 때 사용한다. 그리고 예비 신자 성유는 세례성사를 거행할 때 세례를 받는 사람에게 힘을 북돋아 주려고 사용한다. 히폴리토 성인은 215년《사도 전승Traditio Apostolica》이라는 저서에서 이 성유에 관하여 기록했다.[58] 병자 성유는 병자나 죽음을 앞둔 이에게 도유할 때 사용한다. 예수님께서는 병자들에게 기름을 부어 병을 고치는 일을 사도들에게 맡기셨다(마르 6,13 참조). 사도들은 그 전통을 후대에도 전했고(야고 5,14-15 참조), 이러한 전통은 오늘날까지도 이어지고 있다.

  이 성유들은 올리브기름으로 만드는데, 올리브기름은 지금도 우리의 일상생활과 신앙생활에 중요한 재료다. 성경에서는 그 기름을 요리에도, 등불의 연료로도, 상처를 치유하는 약으로도 썼다고 전한다. 유다인들은 이 기름을 환대의 표시로 손님에게 발라 주기도 했고, 목욕을 한 뒤에 바르거나 장례를 준비하며 시신에 바르기도 했다. 이처럼 이 기름은 종교적 관습에 많이 활용되었다.[59] 성유를 축복하는 기도문은 4세기의 《세라피온 기도서》에 처음으로 나온다. 그 뒤 《사도 헌장 Apostolic Constitutions》과 《우리 주 예수 그리스도의 유언 Testamentum Domini Nostri Jesu Christ》 등의 문헌에서도 이러한 기도문을 언급한다.[60]

  많은 교부들은 병자의 도유는 물론 세례성사와 견진성사에 성유가 필요하다고 기록했다. 성유는 작은 유리병이나 통에 담아 필요할 때까지 성유장에 보관해 둔다. 성유를 구별하기 위해 성유를 보관하는 통에 라틴어 약어를 별도로 표시해 두기도 한다.

세례를 받은 사람은 도유를 받아야 한다. 이때 하느님께 도유를 받아 자기 자신 안에 그리스도의 은총을 지니고 있는 사람만이 다른 이에게 도유할 수 있다.

— 카르타고의 치프리아노 성인[61]

성유장

'성유장Ambry'은 세 가지 성유, 곧 축성 성유, 예비 신자 성유, 병자 성유를 보관하는 함, 또는 장이다. 이 성유들은 주교가 축성하여 한 해 동안 각각 특별한 때에 사용한다. 성유장은 성유를 안전하게 보존하고, 사제와 부제들이 필요할 때 사용하기 위한 것이다.

4세기경부터 성유는 제기실에 있는 장에 보관했다. 이러한 장에는 성체를 비롯하여 거룩한 그릇, 성유, 성인들의 유해와 같이 성스러운 물건들이 담겨 있었다. 그러다가 인노첸시오 3세 교황이 이러한 장들을 반드시 잠가 그 안에 모신 은혜로운 성체를 보호해야 한다고 선언했다. 그리고 성체 조배가 더 일반화되었을 때에는 제단에 있는 장 안에 성체를 모시고 잠가 두었다. 이후 16세기 트리엔트 공의회에서 제대 위에 성체를 모시는 감실을 두기로 결정한 이후에 성유는 따로 성유장에 보관하게 되었다. 간혹 성유를 보관하는 성유장의 문에는 '성유'를 뜻하는 라틴어 '올레아 상타Olea Sancta'라고 새겨져 있기도 하다.[62]

여러 세기 동안 각 교구의 교구장 주교는 매년 성주간 목요일 오전에 성유 축성 미사를 드려 성유를 마련해 왔다. 그리고 이렇게 마련된 성유는 각 본당에 필요한 양만큼 분배되었다. 성유는 성사 예식의 매우 중요한 요소며 소중하게 보존해야 할 은혜로운 선물이다. 그렇기에 이 성유를 함부로 만진다거나 더럽혀서는 안 된다. 필요할 때 이를 잘 사용할 수 있도록 정성을 다해 이를 보존해야 한다.[63]

여러분은 하느님의 성유로 도유를 받고 싶지 않습니까? 하느님의 성유로 도유를 받았기 때문에, 우리는 기름 부음을 받은 그리스도인이라고 불립니다.

— 안티오키아의 테오필로 성인[64]

고해소

'고해소Confessional'는 사제가, 죄를 고백하고 그것을 참회하고자 하는 이를 기다리는 신성하고도 비밀스러운 공간이다. 참회하는 이는 최선을 다해 자신을 성찰하여 죄의 종류와 횟수까지 고백한다. 참회하는 이는 죄를 고백하기 전에 자신의 죄를 뉘우쳐야 하며, 앞으로 다시는 이러한 죄를 짓지 않겠다는 확고한 의지와 자신의 삶을 바로잡아 개선하겠다는 굳건한 목표를 세워야 한다. 죄를 고백하고 이를 용서받아 본 이들은 고해성사를 통해 자신의 죄가 용서를 받으리라는 것을 확신할 수 있다. 그리고 사제는 고해성사를 집전하며 알게 된 모든 것에 대하여 이른바 고해 비밀을 지켜야 한다. 교회법에서는 '고해성사의 비밀은 어떤 일이 있어도

지켜야 한다'고 말한다.[65]

그리스도인들은 오래전부터 성체를 모시기 전에 죄를 고백하고 자신을 깨끗이 할 필요가 있고, 그것이 중요하다고 느꼈다. 그래서 그리스도교 초기 단계부터 신자들은 사제를 통하여 자기가 지은 죄를 하느님께 고백해 왔다. 과거에 어떤 죄들은 성당 안에서 공개적으로 고백해야 했으며, 그러한 죄에 대한 참회를 완전히 마친 다음에야 사죄를 받았다.

이러한 고해 방법과 고해 장소는 시대에 따라 바뀌어 왔다. 예전에는 성당 회중석 가장 앞쪽에서나 격리된 장소에서 사제의 얼굴을 보면서 고해성사를 드렸다. 그러다가 가롤로 보로메오 성인이 종교 개혁에 대응하여 고해소 구조를 고안해 냈다. 이것이 점차 교회 내에 관습으로 굳어졌다. 고해 사제의 의자를 칸막이로 둘러치고 거기에 조그만 창을 내고 가려 놓아, 무릎을 꿇고 있는 이가 누구인지 사제가 알아보지 못하게 한 것이다.

오늘날에도 익명성을 보장하기 위해 고해소에 칸막이를 두지만, 참회하고자 하는 이의 선택에 따라 사제와 서로 얼굴을 마주하고 고해성사를 볼 수도 있다.[66] 고해성사의 집전 형태가 이렇게 시대에 따라 바뀌었다고 해도, 하느님과 화해하는 이 성사의 필요성과 중요성은 변하지 않는다.

요한 복음서에서 예수님께서는 최초의 주교들인 사도들에게 죄를 용서하거나 그대로 둘 권한을 주셨다(요한 20,23 참조). 그분께서 하느님께 받은 권한과 똑같은 권한을 주시며(루카 5,24 참조) 사도들을 파견하신 것이다.

오늘날 사제들은 성품성사를 통하여 받은 권위로 죄를 용서해 주거나 그대로 둘 권한을 가지고 있다. 그러니 기회가 있을 때마다 고해성사를 드리며 영혼을 구원하는 하느님의 풍요로운 자비를 받아들일 필요가 있다. 자기가 지은 죄를 고백하는 것을 꺼리거나 두려워할 필요는 없다. 성경에 등장하는 방탕한 아들처럼 하느님 아버지께 나아가 용서를 간청하면, 그분께서는 언제나 우리를 기꺼이 끌어안아 주시며, 우리에게 사랑과 자비를 베풀어 주실 것이다. 여기서 또 하나 명심해야 할 점은 고해성사는 우리가 겸손한 마음을 지니도록 도와준다는 것이다.

"하느님께서는 교만한 자들을 대적하시고 겸손한 이들에게는 은총을 베푸십니다."(1베드 5,5)

여러분은 교회 안에서 자신의 죄를 인정해야 합니다. 그렇게 하여 나쁜 마음을 지니고 기도하러 나아가지 않도록 주의해야 합니다. 이것이 생명의 길입니다. …… 주님의 날마다 함께 모이는 여러분은 자신의 죄를 고백한다음에 빵을 떼어 나누고 감사를 드려야 합니다. 그러면 여러분의 희생 제사가 순수해질 것입니다.

— 《디다케》(초기 그리스도교 문헌)

십자고상

'십자고상Crucifix'은 라틴어로 '크루치픽수스crucifixus'라고 부르는데, 이는 '십자가에 못 박히신 분'이라는 뜻이다. 십자가에 못 박아 죽이는 것은 고대의 처형 관습이었다. 게다가 십자가에 처형될 사람은 자신이 못 박힐 십자가를 처형장까지 지고 가야 했다. 예수님 시대의 로마인들은 죄수를 극도로 비참하게 죽이는 이러한 처형 방식을 선호했다. 우리는 십자고상에서 예수 그리스도께서 못 박혀 돌아가신 모습을 본다. 그리고 이를 보면서 우리를 위해 극심한 고통을 겪으신 주님의 모습을 떠올리고 주님의 사랑을 마음속에 깊이 새긴다. 콜카타의 데레사 성녀는 십자고상에 관하여 아름다운 말을 우리에게 남겼다.

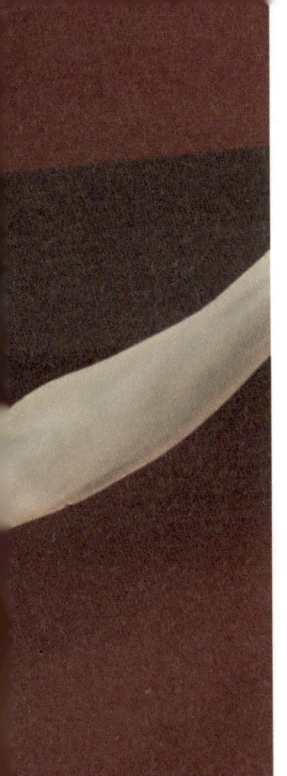

"여러분은 십자고상을 바라볼 때, 예수님께서 여러분을 얼마나 많이 사랑하셨는지 알게 됩니다. 여러분은 성체를 바라보면서, 예수님께서 지금 여러분을 얼마나 많이 사랑하고 계시는지 깨닫게 됩니다."[67] 바오로 사도는 "우리는 십자가에 못 박히신 그리스도를 선포합니다."(1코린 1,23)라고 말했다. 이 말씀대로 우리는 성호를 그으며 십자가를 선포한다. 이마에서 가슴으로, 가슴에서 두 어깨로 십자가를 펼쳐 보인다. 그러면서 하느님께 보호를 청한다. 성호는 우리를 보호해 주는 갑옷인 것이다. 이처럼 우리는 십자가의 권능을 알고 있다. 그래서 미사에서 복음이 봉독되기 시작할 때도, 자신의 이마와 입술과 가슴에 십자가를 긋는다.

성호를 긋지 않고서는 결코 집을 나서지 마십시오. 성호는 그대에게 지팡이가 되고 무기가 되고 난공불락의 성채가 되어 줄 것입니다. 그토록 탄탄한 갑옷을 입은 그대를 보고서는, 어느 누구도 어떤 마귀도 감히 그대를 공격하지 못할 것입니다. 그대는 이 성호에서 배우고 익혀, 의로움의 월계관을 위하여 싸울 준비를 갖춘 군인이 되십시오.

— 요한 크리소스토모 성인[68]

십자가의 길

'십자가의 길Stations of the Cross'은 예수님께서 수난받으실 때 일어난 열네 가지 중요한 순간을 묘사해 놓은 것으로, 일반적으로 성당 벽에 설치한다. 이 십자가의 길은 예수님께서 본시오 빌라도에게 사형 선고를 받으시는 순간부터 무덤에 묻히시는 순간까지의 여정을 담고 있다.

십자가의 길을 따라 걸으며 기도하는 관습은 십자군 원정 시대의 성지 순례자들에게서 시작되었다. 이들은 예수님의 발자취를 따르고자 하는 마음으로 십자가의 길을 걷기 시작했고 그런 다음 고향에 와서 예수님 수난의 중요한 순간들을 널리 알렸다. 그런데 순례자마다 그 중요한 순간들을 13처에서 37처에 이르기까지 다양하게 나누었다.

그래서 클레멘스 12세 교황은 1731년에 공식적으로 십자가의 길을 14처로 결정했다.[69] 성당에 있는 십자가의 길은 주님의 고통과 수난과 죽음으로 들어가 묵상할 기회를 마련해 준다. 사순 시기와 성금요일에, 우리는 특별히 이 14처를 따라가며 주님께 경배를 드린다.

새로운 아담이신 예수님께서는 온갖 죄의 유혹을 물리치시고, 온 인류를 위하여 당신 자신의 목숨을 내놓으셨다. 아담은 나무에 달린 열매를 먹어 세상에 죽음을 가져왔지만, 예수님께서는 나무 위에서 돌아가시어 죽음을 생명으로 바꾸어 놓으셨다. 예수님께서는 참으로 우리의 착한 목자이시고, 하느님의 어린양이시며, 세상의 빛이시다. 스투디오스의 테오도로는 이에 관해 매우 적절하게 말했다.

"이 나무의 열매는 죽음이 아니라 생명이고, 어둠이 아니라 빛이다. 이 나무는 우리를 낙원에서 내쫓지 않고, 우리가 낙원으로 돌아가는 길을 열어 준다."[70]

우리 하느님이신 주님께서 돌아가셨다는 사실은 우리를 수치스럽게 하지 않습니다. 그 죽음은 우리에게 가장 큰 희망이 되고, 위대한 영광이 되어

IV

야 합니다. 주님께서는 스스로 우리 안에 있는 죽음을 받아들이시면서, 우리 스스로는 가질 수 없는, 그분 안에 있는 생명을 주시겠다고 가장 진실하게 약속하셨습니다.

— 히포의 아우구스티노 성인[71]

성광

'성광Monstrance'은 성체 조배를 위하여 특별히 성체를 똑바로 세워서 모셔 놓는 거룩한 도구다. 이는 빵의 형상 아래 성사적으로 현존하시는 예수님의 성체에 우리의 정신을 집중시키는 데에 도움을 준다. 성광의 둥근 유리 한가운데에는 성체를 고정해 주는 유리그릇이 있다. 이 고정 틀을 반달처럼 만들기도 하여 라틴어로는 '루나luna'(달)라고 한다.

성광의 라틴어 이름인 '오스텐소리움ostensorium'은 그 자체로 성체를 보여 주는 도구를 의미한다.[72] 이는 원래 금이나 은으로 도금하여 신심의 대상을 보다 경건하게 보여 주기 위해 만든 용기를 말하며, 보여 주는 대상에 따라 그 모양이나 크기 그리고 빛살

같은 장식도 다양하다. 성광에 대한 역사적인 언급은 13세기부터 나타난다. 때때로 성광은 성인의 유해를 현시하는 역할도 한다.

예수님께서는 지금 여기 우리 가운데에 현존하고 계시므로, 우리는 예수님을 보려고 2,000년 전으로 돌아가지 않아도 된다. 우리는 오직 성광 안에 모신 성체를 응시하면서 예수님을 만나고 예수님과 함께하며 예수님께 경배를 드린다. 이를 '성체 조배'라고 하며, 우리는 성체 조배를 통해 우리를 사랑하시는 주님께 마음을 모을 수 있다.

우리는 살아 계신 분, 참으로 실재로 우리 앞에 현존하고 계시는 예수님을 성체 안에 모시고 있지 않습니까? 왜 더 찾아야 합니까?

— 예수의 데레사 성녀[73]

성체 조배실

'성체 조배실Adoration Chapel'은 신자들이 성광 안에 계신 예수님을 경배하며 예수님과 함께 있도록 별도로 마련한 거룩한 장소다. 성체 조배를 하러 성체 조배실에 와서, 하느님의 사랑과 자비와 그 겸손하심에 마음을 모을 수 있다. 또한 주님의 현존 안에서 자신의 신심을 다질 수 있다. 어떤 이들은 그저 가만히 앉아서 예수님과 함께 시간을 보내기 위해 성체 조배실에 온다.

성체 기적 같은 특별한 경우가 아니라면, 대부분의 신자는 성체와 축성되지 않은 제병의 차이를 알아볼 수 없다. 그러나 이 두 제병의 실체는 완전히 다르다. 성체 조배실에 오는 이들은 거기에 예수님께서 계신다는 것을 안다. 18세기에 알폰소 마리아 데 리구

제3장 그 외 전례와 연관된 것

오리 성인은 이렇게 말했다.

"좋은 친구들은 서로 함께 지내는 기쁨을 찾습니다. 우리는 우리의 가장 좋은 친구, 우리를 위하여 모든 것을 하실 수 있는 친구, 헤아릴 수 없이 우리를 사랑하시는 친구와 함께 지내는 기쁨을 알아야 합니다. 여기 성체 안에서 우리는 마음속으로 그분께 직접 말씀드릴 수 있습니다."

예수님께서는 우리가 그분을 찾아가 우리 짐을 내려놓기를 바라고 계신다. 가까운 성체 조배실에 가서 우리 주님께 경배를 드리고, 주님의 현존 안에서 기도하며, 생명의 샘을 찾고 간청하는 것이 바로 우리가 해야 할 일이다.

이는 주님께서 우리에게 받아 모시고 또 보관하라고 주신 주님의 몸입니다.

— 요한 크리소스토모 성인[74]

미주

1. Jimmy Akin, The Fathers Know Best: *Your Essential Guide to the Teachings of the Early Church* (San Diego: Catholic Answers, 2010), 186, quoting Tertullian of Carthage, *Prescription Against Heretics*, 20.
2. D.D. Emmons, "Inside Our Sacred Space," *OSV Newsweekly* (2017. 1. 8.), n.1 참조.
3. 〈로마 미사 경본 총지침〉 295항 참조. 예전에는 성체를 모셔 두는 감실이 대개 제대 위에 있었으나, 이제는 제단이 아닌 곳에도 둘 수 있다. 〈로마 미사 경본 총지침〉 314항의 감실에 관한 규정은 이러하다. "지극히 거룩하신 성체는 각 성당의 구조와 합당한 지역 풍습을 고려하여 성당의 한 부분에 감실을 만들어 모셔 둔다. 감실은 참으로 고상하고 잘 드러나고 잘 보이면서도 아름답게 꾸민 곳에, 또한 기도하기에 알맞은 곳에 마련해야 한다." — 역자 주
4. Emmons, n.3 참조.
5. Akin, 303.

6. Akin, 302.
7. Mike Aquilina, *The Mass of the Early Christians* (Huntington, IN: Our Sunday Visitor, 2007), 36.
8. Aquilina, 36-37 (St. Jerome, *Letter*, 114,2).
9. Aquilina, 152.
10. 옛 교회법에는 미사주의 알코올 도수를 12~20%로 규정했다. 그러나 다른 나라와 달리 우리나라는 일조량이 적기 때문에 국산 포도의 당도가 낮다. 그래서 국산 포도로 담근 포도주의 알코올 도수가 7% 정도로 낮고 변질되기 쉽다. 이 때문에 한국천주교주교회의는 교황청 신앙교리성의 허락을 받아(1972년 12월 16일 공문, Prot.N. 1128/68), 미사주 제조 때 설탕을 첨가하여 알코올 도수를 12%로 높일 수 있게 했다. — 역자 주
11. John O'Brien, *A History of the Mass and Its Ceremonies in the Eastern and Western Church* (New York: The Catholic Publishing Society, 1879), 120-121 참조.
12. Akin, 297.
13. Real Presence of Eucharistic Education and Adoration Association, "Quotes on the Most Blessed Sacrament."
14. Akin, 294.
15. St. Thérèse of Lisieux, *The Story of a Soul* (New York: Cosimo, 2007), 73.
16. O'Brien, 61.
17. Aquilina, 154.
18. 〈로마 미사 경본 총지침〉, 150항 참조.
19. O'Brien, 112-115 참조.
20. "When May Bells Be Used at Mass?" *Catholic Straight Answers*, May 22, 2013, catholicstraightanswers.com 참조.
21. Edward P. Sri, *A Biblical Walk Through the Mass: Understanding What We Say and Do in the Liturgy* (West Chester, PA: Ascension, 2011), 85 참조.
22. 위와 같은 곳.
23. 《가톨릭 교회 교리서》, 1345항.

24. 〈로마 미사 경본 총지침〉, 309항 참조.
25. John A. Peck, "The Place for Preaching," *Preachers Institute*, October 14, 2013, preachersinstitute.com 참조.
26. 〈로마 미사 경본 총지침〉, 309항.
27. 《교회법》, 제767조 1항 참조.
28. St. Jerome, Commentary on Isaiah, Prol.: PL 24,17.
29. USCCB, "Roman Missal." 참조.
30. 《가톨릭 교회 교리서》, 1345항.
31. 〈미사 경본 총지침〉, 60항.
32. Aquilina, 90, quoting Justin Martyr, *First Apology*, 66.
33. Real Presence, "Quotes on the Most Blessed Sacrament."
34. OSV, "Cathedra." 참조.
35. Aquilina, 75-78 참조.
36. Akin, 192.
37. John B. Peterson, "Baptismal Font," Catholic Answers Encyclopedia, catholic.com 참조.
38. Akin, 261.
39. "Origin and Use of the Paschal Candle," *ZENIT* (April 02, 2007), zenit.org, responses by Fr. Edward McNamara 참조.
40. 〈미사 경본 총지침〉, 117항 참조.
41. O'Brien, 93 참조.
42. O'Brien, 83 참조.
43. James W. Jackson, *Nothing Superfluous: An Explanation of the Symbolism of the Rite of St. Gregory the Great* (Lincoln: Redbrush, 2016), 251.
44. 한국천주교주교회의, 〈미사 전에 전례복을 입을 때 드리는 기도〉.
45. O'Brien, 39 참조.
46. 한국천주교주교회의, 〈미사 전에 전례복을 입을 때 드리는 기도〉.
47. 한국천주교주교회의, 〈미사 전에 전례복을 입을 때 드리는 기도〉.
48. 한국천주교주교회의, 〈미사 전에 전례복을 입을 때 드리는 기도〉.

49. OSV, "Dalmatic." 참조.
50. OSV, "Dalmatic." 참조.
51. Russell B. Shaw, ed., "Iconoclastic Controversy," *Our Sunday Visitor's Encyclopedia of Catholic Doctrine* (Huntington, IN: OSV, 1997) 참조.
52. 〈로마 미사 경본 총지침〉, 318항.
53. Second Vatican Council, Address to Artists, December 8, 1965: AAS 58 (1966), 13.
54. OSV, "Images in the Old Testament."
55. OSV, "Images in the Old Testament."
56. OSV, "Candles." 참조.
57. OSV, "Candles." 참조.
58. Akin, 286 참조.
59. William Saunders, "What Are Those Oils?" *CERC*, catholiceducation.org 참조.
60. OSV, "Holy Oils." 참조.
61. Akin, 288.
62. OSV, "Aumbry." 참조.
63. OSV, "Holy Oils." 참조.
64. Akin, 286.
65. 《교회법》, 제984조 1항 참조.
66. OSV, "Confessional." 참조.
67. Real Presence, "Quotes on the Most Blessed Sacrament."
68. Sri, 18.
69. OSV, "Stations of the Cross." 참조.
70. Sam Guzman, "Our Only Hope: 25 Quotes about the Cross," catholicgetleman.net.
71. Sam Guzman, "Our Only Hope: 25 Quotes about the Cross," catholicgentleman.net.
72. OSV, "Monstrance." 참조.

73. Alfred McBride, "The Saints and Eucharistic Devotion," *Catechetical Sunday* (September 8, 2011), usccb.org.
74. Steve Ray, "The Eucharist and the Fathers of the Church," *Defenders of the Catholic Faith* (August 12, 2018), quoting St. John Chrysostom, *Homily on 1 Cor 24, 4*.